LE MASQUE DE POIX

DRAME EN CINQ ACTES ET HUIT TABLEAUX

PAR

M. BENJAMIN ANTIER

Tiré d'un Ouvrage de M. MOCQUARD, intitulé : **LES FASTES DU CRIME**

REPRÉSENTÉ POUR LA PREMIÈRE FOIS, A PARIS, SUR LE THÉATRE DE LA GAITÉ, LE 27 JANVIER 1855.

DISTRIBUTION DE LA PIÈCE.

LE PRINCE ALEXIS	MM. Lacressonnière.	KALOUGA	MM. Josse.
MARIOL	Paulin-Ménier.	LE GÉNÉRAL	Pepin.
LE COMTE BORILOFF	Delaistre.	BESTUCHEFF	Lequien.
PIERRE BORILOFF	Taillade.	UN FRANÇAIS	Blot.
SAUTRIOT	Alexandre.	UN INVALIDE	Briant.
LE MUET	Emmanuel.	KARAMSINE	Bastien.
LUCIEN	Adolphe Paer.	OULITA	Mmes Charles-Cabot.
UN AGENT RUSSE	Clément-Just.	IVANA	Alphonsine.
UN CONJURÉ	Patonnelle.	LOUISE	Augusta.
UN SOLDAT MALADE	Lasouche.	AMANDA	Carben.
L'INCONNU	Julian.	NITCHINKA	Rubenstein.

La Scène est à Saint-Pétersbourg, en 1854.

ACTE I.

Un magasin de modes. — Dans la perspective Newski.

SCÈNE PREMIÈRE.

AMANDA, UN MOUJICK.

AMANDA, au Moujick.

Allons, Fœdia, allons, ouvrons le magasin plus vite que cela, mon garçon... la matinée est déjà avancée... La cour ira demain à Peterhof. Les grandes dames et les élégantes de Saint-Pétersbourg ne manqueront pas de nous rendre aujourd'hui de nombreuses visites... « Ah ! mademoiselle Louise (c'est le nom de la patronne du magasin), mademoiselle Louise, comment donc ? mais quoi, je vous prie ?... mon bonnet ?... Ah ! mais en vérité donc... et mon chapeau, il me le faut !... » Je les entends déjà, nos charmantes dames russes, avec leur parler dont on ne se doute guère là-bas, à Paris... Après ça, sans nous vanter, nous sommes bien les plus habiles modistes françaises de la rue Nijni Prospect... Nijni... prospect !... comme c'est doux à prononcer !... Ah ! quand je pense à la France, à Paris, et au quartier Saint-Denis encore... le quartier Saint-Denis !... Dieu de Dieu ! quand j'y pense !...

SCÈNE II.

AMANDA, SAUTRIOT.

SAUTRIOT, entrant.

Quand vous y pensez, ça vous fait venir l'eau à la bouche, n'est-ce pas, charmante Amanda ?

AMANDA.

Tiens, monsieur Sautriot.

SAUTRIOT.

Lui-même... Sautriot en personne.

AMANDA.

Toujours gai, toujours pimpant, toujours alerte!

SAUTRIOT.

Dam! un professeur de danse; si on n'avait pas un peu de tournure, un peu d'élégance et du jarret, vive Dieu!... ce serait compromettre la France à l'étranger!... Mais à propos du pays, comment se porte toute notre petite colonie française?... et Lucien, le brave armurier?... et Mariol, mon bon Mariol? et l'excellente Louise, la maîtresse de votre magasin?... enfin, tous nos bons amis... comment vont-ils?

AMANDA.

Très-bien, monsieur Sautriot, vous êtes bien honnête... Quand je dis très-bien, je parle de mademoiselle Louise, que je vois à tous les instants du jour, et de monsieur Lucien, que je vois... souvent... mais, pour ce qui regarde monsieur Mariol, je me suis peut-être trop avancée en vous donnant de ces nouvelles, vu que pour le quart d'heure, je n'en ai guère.

SAUTRIOT.

Comment cela?

AMANDA, comptant sur ses doigts.

Quinze, seize, dix-sept... oui, voilà dix-sept jours qu'il est parti, sans nous dire où il allait... après ça, il est si original!

SAUTRIOT.

Il loge toujours ici?

AMANDA.

Mais sans doute... à moins qu'il ne donne lui-même son congé... c'est pas mademoiselle qui le renverra, à coup sûr! c'est comme qui dit l'enfant gâté de la maison.

SAUTRIOT.

Oh! c'est bien naturel!... Louise n'a pas de meilleur ami, si ce n'est Lucien et moi... vous voudriez bien apprendre comment cela se fait, curieuse!... plus tard, peut-être... vous saurez, oui, quand vous serez ma femme!... Pour en revenir à Mariol, est-ce toujours lui qui fait les courses, les commissions?...

AMANDA.

Certainement... comme on dit à Paris, c'est le trottin de notre maison.

SAUTRIOT.

Mariol... trottin de modiste... ah! je le reconnais bien là!... toujours le même... il me semble encore le voir à Paris, sur les boulevards: paresseux, goguenard, flâneur, ayant un talent particulier pour imiter la voix des gens, leurs allures, leurs gestes, et surtout constamment prêt à se moquer du monde!

AMANDA.

Sous ce rapport il n'est pas changé.

SAUTRIOT.

Faisant tous les métiers... et quels métiers!... l'été, il repêchait au fond du canal les pièces de deux sous que les badauds lui jetaient... et dans quel costume!... l'hiver, autre genre! c'était la boxe et la savate, ses amours... professeur de billard... culotteur de pipes...

AMANDA.

Comment il vivait avec ça.

SAUTRIOT.

Avec ça... et des pommes de terre frites... et le soir pour finir sa journée, il vendait des contremarques aux portes des théâtres du boulevard du Temple, et criant à la sortie: Voilà une voiture!... voilà!

AMANDA, redescendent.

Est-il drôle, ce monsieur Sautriot!

SAUTRIOT.

Maintenant, il est trottin de modiste à Saint-Pétersbourg! Du reste, bon enfant, excellent cœur... prompt comme la poudre, brave comme un César, bavard comme une pie dans un pays où le silence est de rigueur; après ça, ce qui rachète tout, c'est qu'il aime ses amis avec passion! C'est égal... franchement, Louise aurait dû lui faire prendre un autre état.

AMANDA.

Ah bien oui! Elle le lui a proposé cent fois, il n'a jamais voulu. Toute autre profession m'éloignerait de toi, a-t-il dit à Louise. Lucien est occupé à sa fabrique d'armes. Sautriot, qui a appris à danser derrière les coulisses d'un théâtre des boulevards...

SAUTRIOT.

A l'Opéra...

AMANDA.

C'est Mariol qui parle... Pendant que moi je foulais le bitume du devant, Sautriot donne des leçons dans le haut, et cependant en venant tous les trois en Russie avec toi, Louise, nous nous étions juré de rester inséparables... La nécessité nous a divisés; mais puisque moi seul je suis libre de demeurer auprès de toi, j'y resterai, nom d'une pipe!... quand je devrais te servir de domestique, et voilà!... Il a bien fallu se soumettre et le laisser faire.

SAUTRIOT.

Je comprends cela... Mais je ne vois pas notre chère Louise. (Il veut ouvrir la porte du magasin. — On entend le cri des demoiselles: Ah! monsieur Sautriot!)

AMANDA.

Mademoiselle Louise sort tous les jours de très-bonne heure. Mais elle devrait déjà être rentrée.

SAUTRIOT, bas avec malice.

Elle est sans doute avec Lucien, son amoureux.

AMANDA.

Oh! vous n'avez pas besoin de baisser la voix pour parler de ça... Allez!... c'est connu maintenant.

SAUTRIOT.

Ah bah!

AMANDA.

Pardine!... ils se sont expliqués... ils se sont tout avoué!... Et ma foi, au premier jour la noce!... Vous en serez, monsieur Sautriot?...

SAUTRIOT.

Cette question!... Ah! cependant... pourvu que mes leçons m'en laissent le temps... Par bonheur, voici la saison d'été, et mes élèves vont aux îles.

AMANDA.

Aux îles?

SAUTRIOT.

Comment, vous ne savez pas cela? Les îles... ces endroits marécageux situés aux portes de Saint-Pétersbourg, et qu'on a convertis avec des peines infinies et des sommes énormes, en jolies résidences d'été. C'est charmant, mais peu solide... Que de soins il faut pour les garantir pendant l'hiver. Si vous saviez!... on les met sous verre comme des joujoux. On les empaquette... et l'été venu, on défait le paquet et l'on tire la maison de campagne de son étui... voilà!

SCÈNE III.

LES MÊMES, LOUISE, LUCIEN, UN MENDIANT, venant derrière eux.

LOUISE.

C'est donc vous, Sautriot? Enfin!

SAUTRIOT.

Louise!... ma bonne Louise!... et Lucien!... et les affaires, et le commerce?

LUCIEN.

Ça va très-bien. Depuis que je l'ai vu, j'ai reçu du gouvernement russe une commande de trois mille fusils. Une bonne aubaine! Je livre tantôt.

SAUTRIOT.

Allons! tant mieux! Mais que veut ce brave homme? (Il montre le mendiant.)

LOUISE.

Ne faites pas attention. Nitchinka!... Nitchinka!... (Une jeune ouvrière en costume livonien paraît.)

NITCHINKA.

Vous m'appelez, mademoiselle?

LOUISE.

Oui. Conduis ce pauvre homme à l'office. Donne-lui à manger...

NITCHINKA.

Oui, mademoiselle.

LOUISE, à Amanda.

Toi, Amanda, quand il partira, fais-lui accepter ceci. (Elle tire sa bourse.)

SAUTRIOT, bas, à Lucien.

Toujours bonne, dévouée, charitable.

LUCIEN, bas.

Ah! mon ami, c'est un ange!

SAUTRIOT, bas.

Et tu veux être dans son paradis?

LOUISE, à Amanda.

A propos, Mariol est-il enfin de retour?

AMANDA.

Mademoiselle, il est rentré dans la nuit... Mais ce matin, il est sorti avant le jour. Il a pris les commissions. Fœdia, qui devait les faire, les lui a données.

LOUISE.

Comment, sans m'attendre, sans m'embrasser d'abord après cette longue absence?... (A Amanda.) Enfin, dès qu'il viendra, tu me l'enverras.

AMANDA.

Oui, mademoiselle Louise. (Louise fait un signe au mendiant pour qu'il se laisse conduire par Amanda.)

SCÈNE IV.

Les Mêmes, moins AMANDA ET LE MENDIANT.

LOUISE, *suivant des yeux le mendiant.*
Mes bons amis, vous remarquez avec étonnement, n'est-ce pas? l'intérêt étrange que ce malheureux m'inspire.

SAUTRIOT.
Savez-vous qui il est?

LOUISE.
Non. Je n'ai même pas cherché à le savoir. J'aurais craint de désobliger ce pauvre homme. La discrétion qui accompagne l'aumône n'en double-t-elle pas le prix?

SAUTRIOT.
Sans doute!... Mais enfin, comment avez-vous connu ce malheureux?

LOUISE.
Oh! mon Dieu! tout naturellement, par hasard... Je l'ai vu pour la première fois un matin où... (Elle s'arrête, regarde Lucien et laisse les yeux.)

LUCIEN.
Achevez, Louise. Sautriot n'est-il pas notre ami, notre frère?

LOUISE, *continuant.*
Un matin où, comme aujourd'hui, je m'étais levée de bonne heure pour aller rejoindre Lucien à l'église... Ce sont nos rendez-vous.

LUCIEN.
Des rendez-vous à l'italienne.

SAUTRIOT.
Chers et bons cœurs!

LUCIEN.
Dame! nous avons réfléchi qu'il n'était pas très-convenable qu'on m'aperçût à chaque instant dans le magasin de Louise. J'y passais ma vie. Sans doute, elle est maîtresse d'elle-même; nos intentions sont pures; mais les égards dus à une clientèle riche et un peu prude nous commandaient de grands ménagements. Donc, il était indispensable que je ne parusse que de loin en loin au magasin, et puis, d'ailleurs, les devoirs de ma profession d'armurier exigeaient aussi beaucoup plus d'assiduité de ma part... Nous avons mis ordre à cela, Louise et moi.

SAUTRIOT.
Vous vous êtes décidés à ne plus vous voir... ou du moins à vous voir autrement.

LUCIEN.
Juste! Voilà ce que Louise a imaginé. Tous les matins, pendant la semaine, nous nous donnons rendez-vous à l'église Isaac. Nous nous agenouillons à côté l'un de l'autre. Nous faisons une bonne prière qui inaugure bien notre journée, car Dieu l'entend avec faveur, j'en suis sûr. Puis, nous nous relevons lentement, nous nous regardons; tiens, comme ça, vois-tu?...

SAUTRIOT.
Oui, oui, je vois bien.

LOUISE.
Et puis nous nous quittons.

LUCIEN.
Non... pas tout de suite.

SAUTRIOT.
Comment?

LUCIEN.
Nous nous regardons encore un peu; et enfin le cœur plein d'amour...

SAUTRIOT.
L'esprit léger...

LOUISE.
Disposés à bien travailler...

LUCIEN.
A bien remplir son devoir.

LOUISE.
Nous rentrons chacun chez nous. — (A Lucien.) Et maintenant que vous avez assez causé, allez-vous-en, monsieur.

LUCIEN.
Oh! quelques instants encore! il y a si longtemps que nous n'avons vu notre ami!

SAUTRIOT.
C'est vrai... et puisque je me suis arrangé pour vous consacrer ma matinée, vous m'accorderez bien de votre côté... d'ailleurs nous parlions de quelque chose d'intéressant. Ah! nous parlions du pauvre homme... justement c'est lui!...

SCÈNE V.

Les Mêmes, LE MENDIANT, précédé par AMANDA et NITCHINKA.

(Il est entré pendant la fin de la scène précédente. Il a paru chercher quelqu'un et ne le voyant pas, il sort après avoir regardé les jeunes gens avec intérêt. — Amanda le reconduit.)

SCÈNE VI.

Les Mêmes, moins LE MENDIANT. (Amanda reste en scène.)

SAUTRIOT.
Eh bien?

LOUISE, *riant.*
Oh! mon Dieu! n'ouvrez pas de si gros yeux, Sautriot. Comme je vous le disais, j'ai tout simplement rencontré ce brave homme en allant à l'église. C'était un matin au petit jour... il était caché dans l'angle d'une porte; à mon approche, il se montra. D'abord, je fus effrayée de son aspect sauvage. Il s'avance vers moi, mon effroi redouble. Il pousse des sons inarticulés, je ne savais que penser. Je lui adressai la parole, il me regarda tristement en hochant la tête pour me faire comprendre qu'il ne pouvait pas répondre, il ouvrit la bouche. Sa langue était mutilée... C'était un muet.

SAUTRIOT.
Pauvre homme!

LOUISE.
Je lui fis alors donner quelques aliments qu'il accepta, non sans difficultés. Quant à l'argent, il n'en voulut pas... Je le rencontre parfois sur ma route, depuis ce temps... mais il ne me fait plus peur... Il s'approche humblement de moi, baise le bas de ma robe, pleure... et s'enfuit en évitant tous les regards.

LUCIEN.
Surtout ceux de la police.

LOUISE.
Aujourd'hui, lorsque je l'ai aperçu, il paraissait encore plus accablé que de coutume.

SAUTRIOT.
C'est peut-être le froid...

LUCIEN.
La faim, plutôt...

LOUISE.
Oui, la faim, sans doute... Émue de pitié, j'allai à lui, et comme Lucien était avec moi, je me suis sentie plus courageuse, et je n'ai pas hésité à amener ici ce pauvre homme, qui, j'en suis sûre, vous intéresse maintenant autant qu'il m'a intéressée... Mais où donc est Mariol?...

SAUTRIOT.
Le fait est que la matinée serait complète s'il était avec nous, ce brave, cet excellent Mariol!

SCÈNE VII.

Les Mêmes, MARIOL, entrant avec des cartons à chapeaux à la main.

MARIOL.
Cordon, s'il vous plaît... Présent! voilà le Mariol demandé! Bonjour, les amis.

TOUS, *l'entourant.*
Mariol!

MARIOL.
Ah ça! on pensait donc un peu à moi, là, les enfants... hein?

LOUISE.
Pouvez-vous le demander?

MARIOL.
Merci!

LUCIEN.
Voyons... d'où viens-tu, mauvais sujet?

MARIOL.
Les petites ne peuvent pas nous entendre?

SAUTRIOT.
Elles sont retournées à leur ouvrage... maintenant que nous sommes seuls... causons.

MARIOL.
Un moment... je n'ai pas rendu compte à la patronne du résultat de mes courses de ce matin. Vois-tu, Louise, on est dans le commerce ou on n'y est pas. Si on y est, il faut le faire sérieusement. Il y a d'abord le chapeau de mademoiselle Ourskampoff... livré et payé, une petite maîtresse qui ne trouve rien de bien, et m'a fallu lui remettre trois fois le bavolet... Je lui ai remis trois fois le bavolet.

AMANDA.
Et la coiffure de bal de la nièce du général?

MARIOL, *donnant de l'argent.*
Voilà une vraie grande dame, celle-là... simple et bonne, elle m'a fait rafraîchir.

AMANDA.
Puis la capote de la vieille comtesse Narinka?

MARIOL, *donnant encore de l'argent.*
Voilà, voilà!... Celle-là ne vaut pas cher.

LOUISE.
Vingt-cinq roubles.

SAUTRIOT.
Vingt-cinq roubles... la comtesse?

LUCIEN.
Et non... la capote.

MARIOL.
Elle pouvait les valoir... je doute qu'elle les vaille à présent. Tu sais bien, Louise, le toutou de la comtesse... cet affreux petit chien qui aboie toujours et qui mord souvent. Ce matin il vint me rôder autour des mollets... Moi, pas bête, je le prends en traître... et v'lan! je te le flanque dans le carton par-dessus la capote de sa maîtresse.

LOUISE.
Une belle équipée !

MARIOL.
Magnifique ! On sera obligé de commander une nouvelle coiffure, et le roquet sera rossé... ce sera tout bénef.

SAUTRIOT.
Il n'y a que lui pour avoir ces idées-là !

LUCIEN.
Mais en conscience, mon ami... tous ces détails nous paraissent...

MARIOL, qui est allé écouter à la porte des ouvrières.
Fort peu importants, n'est-ce pas? auprès de ce que nous avons à nous dire... Parbleu !... c'est aussi mon avis. Mais tu n'as donc pas compris que ces petites filles écoutaient aux portes?... Elles grillent d'envie d'être dans la confidence et je ne veux pas les y mettre... Maintenant qu'elles sont retournées à leur ouvrage, laissons là tous ces chiffons et causons tranquillement. Pour marcher plus vite... questionnez-moi... je répondrai... allez votre train.

TOUS.
Eh bien?...

MARIOL.
Ah! si vous parlez tous à la fois...

LUCIEN.
Voyons!... D'où viens-tu?...

MARIOL.
D'où je viens?... Pour commencer, voilà que tu m'embarrasses.

SAUTRIOT.
Cependant tu nous as dit : Questionnez-moi ?

MARIOL.
Sans doute; aussi je ne demande pas mieux que de répondre. Eh bien ! la vérité est que j'ignore, ou à peu près, d'où j'arrive ; que Sautriot meure à l'instant si je le sais !

SAUTRIOT.
Grand merci du souhait.

LUCIEN.
Mais enfin quel chemin as-tu pris?...

LOUISE.
Avant tout, dans quel but ce voyage?...

MARIOL.
Ça se case... ça se case... nous finirons par nous entendre !... (A Louise.) Primo, d'abord... tu demandes dans quel but je t'ai quittée... ingrate que tu es!...

LOUISE.
Ingrate!... moi?...

MARIOL.
Eh ! sans doute !... Pourquoi donc que j'aurais abandonné ma bonne rue que v'là, où c' que passent tant d'originaux russes?... pourquoi donc que j'aurais quitté ma flâne sur les quais de la Néva et ta maison, et enfin ton aimable compagnie, si ce n'est pour toi-même, pour toi, notre amie, notre sœur d'adoption?

LOUISE.
Pour moi?

MARIOL.
Eh oui !... Est-ce qu'il ne fallait pas essayer encore une fois de trouver le secret du mystère de ta naissance? ce qui a fait qu'on t'a laissée à Paris toute petite fille et orpheline, abandonnée dans une pauvre maison où par un hasard providentiel demeuraient, en même temps que toi, trois braves enfants de Paris...

SAUTRIOT.
Trois ouvriers.

LUCIEN.
Trois amis, vivant de leur travail au jour le jour.

MARIOL.
Pas moi... je ne travaillais pas... je flânais.

LUCIEN.
Bah ! ta flânerie rapportait tout de même quelque chose à la communauté... nous partagions le plaisir et la peine...

SAUTRIOT.
Et naturellement nous nous sommes partagé le soin de veiller sur la pauvre orpheline et de lui tenir lieu de famille.

LOUISE.
Mes amis, mes bons amis!... Ah ! je n'oublierai jamais ce qui s'est passé... C'était un soir d'hiver... dans une petite chambre bien nue, bien délabrée... une jeune fille, une petite fille pleurait devant un lit de mort... Sur ce lit venait de s'éteindre une sainte femme, sa mère, qui avait bien souffert ici-bas et que Dieu dans sa miséricorde avait appelée à lui... Elle avait été forte et courageuse contre l'adversité, la pauvre mère! elle avait noblement soutenu la lutte jusqu'au jour où, brisée par les chagrins, elle s'étendit sur son lit de douleur, ferma les yeux et s'endormit pour toujours!... (Elle essuie ses yeux.) Je pleurais, moi pauvre orpheline, car je n'avais que ma mère au monde, et je demandais à Dieu ce que j'allais devenir!...

AMANDA, émue.
Pauvre demoiselle !

LOUISE.
Tout à coup des sanglots étouffés vinrent frapper mon oreille... c'était une douleur qui semblait répondre à la mienne... Je me retourne, et sur le seuil de ma porte entr'ouverte je vois trois jeunes garçons agenouillés comme moi... et comme moi pleurant aussi... De ces trois amis que Dieu m'envoyait, l'un était ce bon Mariol; l'autre, c'était vous Lucien Bernard, et le troisième...

SAUTRIOT, pleurant.
C'était moi.

LOUISE, à Amanda.
Tous les trois, nos voisins de mansarde, étaient entrés attirés par mes gémissements, et tous les trois, après s'être consultés du regard, étaient venus à moi : Vous êtes seule, me dit Lucien, Dieu vous a pris et votre appui et votre unique amour ici-bas... nous sommes tous les trois sans famille... Orpheline, voulez-vous associer votre sort à celui de trois orphelins?... sœur, voulez-vous accueillir l'amitié de trois frères?...

AMANDA.
Ah ! les braves cœurs !...

LOUISE.
Je leur serrai la main et je pleurai, et je devins leur sœur en effet. Un jour... c'était quelques années après... je mis en ordre des papiers laissés par ma mère et que je n'avais pu examiner encore... car je ne savais pas lire et je ne voulais les confier à personne avant de les avoir lus moi-même... Après en avoir pris connaissance, nous tînmes conseil tous les quatre. Le sens de ces papiers était un peu obscur, mais il nous sembla qu'il y avait là, peut-être, un grand avenir pour moi. Il fallait quitter Paris, entreprendre un long voyage pour recueillir des renseignements que je ne pouvais avoir qu'en Russie... Bref, mon départ fut résolu... Les fonds indispensables... les préparatifs obligés... (à Amanda) ils se chargèrent de tout.

AMANDA.
Ce sont des hommes, ça !

SAUTRIOT, très-ému.
Oh ! oui, nous sommes des hommes !

MARIOL, bas à Sautriot.
Veux-tu bien te sécher !

LOUISE, à Amanda.
Le jour du départ, je me levai bien triste en songeant aux adieux, à la séparation !... Juge de mon étonnement, de ma joie, en les voyant tous les trois, le sourire aux lèvres, attendant à ma porte en habits de voyage. L'idée ne leur était même pas venue que je puisse partir seule... et voilà pourquoi ces trois amis, ces trois frères, ont abandonné avec moi et pour moi notre chère et regrettée patrie.

AMANDA.
Les bonnes âmes ! (Toutes les petites Ouvrières, Nitchinka en tête, ont écouté et ont entr'ouvert la porte. A la fin elles se laissent entraîner à s'écrier :)

NITCHINKA.
Les braves garçons ! (Elles les embrassent avec élan.)

TOUTES.
Oui, oui !

MARIOL.
Oh ! les curieuses !... Quand je vous le disais... Eh bien, ma foi, puisque vous y êtes, vous resterez. Dérangez pas le tas !

TOUTES.
Oui, oui.

LOUISE.
Arrivés ici, c'est encore eux qui, avec le produit de leur travail, m'ont aidée à ouvrir ce magasin, que la grande société a bientôt pris sous son patronage, et qui est notre propriété, notre fortune à tous les quatre.

SAUTRIOT.
Oh ! oui, une fortune ! Louise est si adroite !

LE MASQUE DE POIX.

LUCIEN.
Elle a tant de goût!

MARIOL.
Et ces demoiselles sont si gracieuses, si jolies et si curieuses!... Faut dire aussi qu'elles ont un bien gentil trottin... Toutes les femmes veulent que je leur apporte leurs chapeaux... et puis je chiffonne, je chiffonne à ravir!... (Il prend la taille des Demoiselles.)

LUCIEN.
Ah ça! il me semble que nous nous écartons beaucoup du voyage de Mariol!

LOUISE.
C'est vrai!

MARIOL.
Eh bien! mes enfants, nous pouvons nous dispenser d'en causer, car ç'a a été du temps perdu.

LUCIEN.
Comment cela?

MARIOL.
Dam! vous allez voir... vous savez bien que je vous ai parlé d'un événement très-cocasse qui m'est arrivé il y a quelque temps?

LUCIEN.
Oui... tu nous as raconté que tu avais trouvé dans ta chambre une lettre mystérieuse venue on ne sait d'où et dans laquelle on te disait d'aller à... à...

MARIOL.
A Orienbourg... un pays perdu... d'où j'arrive... que là, je trouverais un vieux prêtre nommé Sophron; — que je dirais à ce vieux prêtre tout bas ce simple mot *Michel Lambert*, et qu'alors il me donnerait des renseignements précieux pour Louise.

LOUISE.
Eh bien?

MARIOL.
Eh bien... j'y suis allé.

SAUTRIOT.
Et le vieux prêtre?

MARIOL.
Je l'ai trouvé.

LUCIEN.
Tu lui as parlé.

MARIOL.
Oui.

LOUISE.
Il vous a répondu...

MARIOL.
Non... oh! pour ça, non!

LUCIEN et SAUTRIOT.
Comment?

MARIOL.
Il était mort... Je suis arrivé au moment où il baissait sa lampe.

LUCIEN.
Et personne à qui parler... à qui demander?...

MARIOL.
Personne!

LOUISE.
Encore une espérance déçue... n'y pensons plus.

SAUTRIOT.
Nous ne saurons jamais rien.

SAUTRIOT.
Peut-être aurait-il mieux valu rester à Paris.

MARIOL.
Ah! si j'y étais, je sais bien ce que je ferais... pas demain... tout de suite.

SAUTRIOT.
Que ferais-tu?

MARIOL.
J'irais consulter la somnambule de la rue d'Angoulême; — en v'là une qui est voyante et lucide! elle aurait deviné l'histoire véridique. Oh! alors quelle fête dans notre petit logement de la rue des Fossés-du-Temple!

LUCIEN.
Où nous étions si bien!

SAUTRIOT.
Au cinquième sur la cour.

MARIOL.
Cent vingt francs de loyer, sans impositions.

LOUISE.
N'êtes-vous donc pas bien ici?

MARIOL.
Oh! c'est pas la France!... (A Amanda.) C'était pas flambant, mais propre à se mirer partout, c'est moi qui faisais le ménage.

AMANDA.
Vous?

SAUTRIOT.
Moi, la lessive et les bottes.

AMANDA.
Et monsieur Lucien?

MARIOL.
Caissier général, et la petite sœur à la tête de la lingerie des trois frères.

AMANDA.
Elle devait avoir du fil à retordre.

MARIOL.
Tout marchait. — Dans mon département, j'étais la coqueluche de la fruitière, le confident de l'épicière; je tapais sur le ventre à notre boucher, sapeur dans la garde nationale... et je faisais une cuisine...

SAUTRIOT.
D'enragé!

MARIOL.
Ingrat! ça n'empêche pas que le soir à table... on riait et qu'au dessert on pinçait sa petite romance... (Chantant.) *Pauvre soldat prisonnier des Tartares.*

SAUTRIOT.
Si tu chantes cette chanson-là... je demande à m'en aller.

AMANDA.
Silence!.. messieurs... voici quelqu'un.

NITCHINKA.
Le prince Alexis!

AMANDA.
Avec quelques Français de nos amis.

SCÈNE VIII.

LES MÊMES. — On voit LE PRINCE ALEXIS au dehors, suivi de plusieurs Français.

MARIOL à l'avant-scène.
Ah! un brave jeune homme de prince russe!... une pratique qui nous aime bien. (bas à Sautriot.) C'est presque pas un Moscovite, celui-là. — C'est un des nôtres qu'on nous a enlevé en nourrice... (Au prince qui est entré). Ça va bien, monseigneur? (Il lui offre timidement la main).

ALEXIS, la lui serrant.
Merci, mon ami, et vous?

MARIOL, bas.
Oh! il m'a serré la main... as-tu vu, Sautriot? (Au prince.) Ça boulotte, prince, ça boulotte.

LUCIEN, saluant.
Prince...

SAUTRIOT.
Mes hommages respectueux à son excellence.

MARIOL, se moquant de Sautriot.
Oh! des phrases... des manières! tu parles à la première position, as-tu fini? (Au prince.) Vous le voyez, prince, j'avais bien raison de dire que vous aviez comme ça un brin d'amitié pour nous autres.

LE PRINCE.
Oui, messieurs, oui, j'aime les Français, j'aime la France... c'est un noble pays, sur lequel Dieu a répandu ses plus riches trésors. — C'est là qu'on vit... c'est là qu'on pense. — La France, c'est le génie, c'est la gloire, c'est l'ange de la civilisation étendant ses vastes ailes sur l'univers entier, et disant : Je suis la source qui désaltère, je suis la parole qui console, je suis la main qui guérit. Laissez venir à moi ceux qui ont soif, laissez venir à moi ceux qui souffrent!

MARIOL, à Sautriot.
Il rédige encore mieux que toi, hein?

ALEXIS.
La France, qui d'un signe ou dans un moment suprême, évoque un homme, fait jaillir une idée. — La France que le grand maître a placée à la tête des nations pour que toutes marchent à sa lumière, phare étincelant que n'éteindront jamais nos tempêtes humaines.

MARIOL.
Eteindre la France!... non!... faudrait pour ça un trop fameux éteignoir.

LUCIEN.
Merci, prince, au nom de tous les Français qui habitent cette contrée.

ALEXIS.
Cela vous surprend peut-être de m'entendre parler ainsi, moi, Russe?

AMANDA.
Il y a des braves gens partout.

SAUTRIOT, bas à Amanda.
Amanda, vous faites de l'œil au prince.

ALEXIS.
C'est que mon père, qui avait passé plusieurs années en

France, était admirateur enthousiasmé de votre nation... il m'avait donné pour nourrice une Française, et dans mon enfance, je ne connus pas d'autre langue que la vôtre. Plus tard j'assistai par la pensée à cette œuvre incessante à laquelle chacun de vous, artisan ou grand seigneur, noble ou prolétaire, riche ou pauvre, apporte sa pierre et son idée... Aussi voir la France était le rêve de ma vie... j'avais soif de Paris... et depuis qu'il m'a fallu renoncer à cet espoir, il m'a semblé que j'étais enfermé vivant dans un tombeau... et du fond de mes ténèbres, je porte mes regards vers cette terre promise, source de lumière où s'envole une partie de mon cœur et mon âme tout entière.

LUCIEN.
Quoi, prince, vous ne viendrez jamais en France?

MARIOL.
Oh! venez-y... venez-y, je vous conduirai partout... en voiture, vous dedans, moi derrière.

ALEXIS.
Les sujets russes ne s'appartiennent pas! Un nouveau regret pour moi, c'est que bientôt peut-être je ne vous verrai plus.

LOUISE.
Pourquoi?

ALEXIS.
Hélas! mes amis, la guerre est déclarée!

TOUS.
La guerre!

MARIOL.
Comment!... comment!... sans m'en prévenir!

LUCIEN.
La guerre, dites-vous, monseigneur?... est-ce bien vrai?

ALEXIS.
Que trop vrai!... la nouvelle est officielle!

LUCIEN.
La guerre!... (A part.) Oh! je comprends... ces armes commandées... ce serait donc?... mon Dieu! faites que j'arrive à temps!

LOUISE, voulant l'arrêter.
Lucien!...

MARIOL.
Qu'est-ce qui lui prend?

LUCIEN.
Louise... il y va de mon honneur!...(Il sort en courant.)

MARIOL.
Quel vertigo!... Sautriot, cours après lui!

LOUISE.
Oui, oui, et s'il lui arrivait quelque chose...

SAUTRIOT.
Soyez tranquille!

MARIOL, le poussant.
Mais va donc! va donc!

SAUTRIOT.
Je le rattrape en deux temps... Polka grande vitesse... Je ne fais qu'un saut!

MARIOL.
A qui le dis-tu?

SCÈNE IX.

Les Mêmes, moins LUCIEN et SAUTRIOT.

MARIOL, redescendant en scène.
Comment? on va se bucher d'amitié?

LOUISE.
C'est une cruelle chose.

ALEXIS.
Que nous amènera-t-elle, cette guerre fatale?

MARIOL.
Oh! vous savez, mon prince.. on se cogne!... et puis la chose finie, on n'y pense plus!

ALEXIS.
La destinée des peuples est dans la main de Dieu!

MARIOL.
Dites donc, mon prince, y aurait donc pas moyen d'arranger cela?

AMANDA, souriant.
Monsieur le conciliateur!... (Bruit au dehors. A Louise.) Mademoiselle! j'aperçois au bout de la place mademoiselle Ivana et son frère.

LOUISE.
Mademoiselle Ivana, une de mes meilleures pratiques.

ALEXIS, à Louise.
Vous connaissez Pierre Boriloff, le frère de mademoiselle Ivana?

LOUISE.
Il accompagne souvent sa sœur lorsqu'elle vient faire ses emplettes.

ALEXIS.
Il ne vous a jamais rien dit?

LOUISE.
Jamais!

ALEXIS.
Bien, mon enfant! (A part.) Tant mieux! Ce Pierre Boriloff est un jeune homme mystérieux et sauvage qui ne doit reculer devant aucun moyen lorsqu'il s'agit de satisfaire ses passions... et...

LOUISE.
Pardon, prince, et mademoiselle Ivana... puis-je, sans indiscrétion, savoir ce que vous pensez d'elle?

ALEXIS.
Je la connais fort peu... bien que son père, m'a-t-on dit, soit un parent éloigné... oh! très-éloigné de ma famille... Il a été dans les grands emplois... il vit maintenant en oisif... Mademoiselle Ivana, d'après ce que j'ai appris, est le type de cette classe, assez répandue chez nous, de charmantes petites jeunes filles indolentes, penchées, qui ont un parler enfantin, une manière de marcher à elles... est-ce un genre? est-ce, qu'on me pardonne la sévérité du mot, est-ce une sorte d'idiotisme naturel? C'est ce que je n'ai pas pris encore le soin de vérifier.

LOUISE.
Prince, la voici.

SCÈNE X.

Les Mêmes, IVANA, PIERRE BORILOFF.

(Les demoiselles de boutique rentrent et reprennent leurs places au comptoir.)

IVANA, nonchalamment, à Louise.
Ah!... bonjour!... bonjour, messieurs.

PIERRE, à part.
Le prince Alexis! (Ivana aperçoit le prince. Tous deux se saluent.)

PIERRE, à part.
Que vient-il faire chez Louise?

LOUISE.
Veuillez vous asseoir, mademoiselle.

MARIOL.
Un siége, Amanda, vous restez là le nez en l'air...

IVANA.
Ah! comment donc!... mais non, je vous prie. Je descends de voiture, je ne suis point fatiguée. (Elle s'étend avec lassitude dans un fauteuil. Mariol lui met un tabouret sous les pieds.)

CRIS, au dehors.
La mariée! la mariée!

LES DEMOISELLES DE MAGASIN.
Ah! la mariée!

NITCHINKA, et les autres jeunes filles.
Ah! des épingles! des épingles!

ALEXIS.
Qu'y a-t-il donc?

LOUISE.
C'est une jeune villageoise de Livonie qui doit se marier demain, et qui vient chercher ici ses vêtements de noce qu'elle nous a commandés... c'est une sorte de fête préparatoire.

ALEXIS.
Et vos jeunes filles s'y associent, à ce que je vois... car ces épingles demandées avec tant d'empressement...

NITCHINKA.
Mais vous savez bien, monseigneur, qu'il est d'usage ici d'en présenter à la mariée. — La première qu'elle accepte, c'est un signe de bonheur pour celle dont l'offrande est préférée.

AMANDA.
Et la préférée, ce sera moi.

TOUTES LES AUTRES JEUNES FILLES.
Oh! moi... moi.

AMANDA.
Nous allons voir.

SCÈNE XI.

Les Mêmes, OULITA.

(La jeune mariée est précédée de quatre demoiselles livoniennes, et suivie de deux enfants tenant des corbeilles de gâteaux et de fleurs.)

LOUISE, à Oulita, lui remettant un paquet.
Mademoiselle, voici ce que nous avons préparé pour vous.

OULITA, tirant sa bourse.
Dieu vous récompense mieux que je ne le fais.

AMANDA, désignant la gauche du spectateur à Oulita.
Si mademoiselle veut passer de ce côté, nous allons essayer cette toilette.

ALEXIS.
Cette voix... ce visage... mais je la connais!

LES ENFANTS.
Les gâteaux de la mariée... prenez des beaux gâteaux de la mariée!

ALEXIS.
Avec plaisir! (Il continue à regarder Oulita. Les jeunes filles passent au

fond sur deux rangs, tenant des épingles à la main. — Regardant Oulita qui est au fond occupée à choisir une épingle.) Pauvre jeune fille !

LOUISE, au Prince.
Que dites-vous, monseigneur ?

ALEXIS.
Rien ! un souvenir... une petite aventure dont j'ai été le témoin involontaire. Je vous raconterai cela.

NITCHINKA, dont l'épingle a été acceptée.
Ah ! c'est moi ! c'est moi !
(Oulita, les demoiselles d'honneur et quelques demoiselles du magasin entrent à gauche.)

SCÈNE XII.
Les Mêmes, excepté OULITA ET SES SUIVANTES.

LOUISE, au Prince, qui fait mine de sortir.
Vous nous quittez, prince ?

ALEXIS.
Une affaire importante m'appelle au palais. Ah ! mon Dieu, mademoiselle, vous me faites tout oublier... J'étais venu ici pour vous rappeler que mes sœurs comptent sur votre exactitude. C'est après-demain la fête du printemps.

LOUISE.
Elles n'attendront pas : ces demoiselles passeront la nuit s'il le faut.

ALEXIS.
Merci, mademoiselle ; quoi qu'il arrive, que vous restiez à Saint-Pétersbourg ou que vous soyez obligée de retourner en France, n'oubliez pas... (à Mariol) ni vos amis, ni vous, que si vous avez besoin du prince Alexis, il est franchement et complètement à votre service.

MARIOL.
Ah ! prince... je... je... je vais vous ouvrir la porte.

PIERRE, assez haut pour être entendu.
Est-ce là le langage d'un seigneur russe ?

ALEXIS.
Ah ! vous me blâmez, monsieur Pierre Boriloff... vous êtes du parti ultra, vous ?... Pas de concessions, n'est-ce pas ? alors, dites donc aussi : point de progrès, point d'avenir... alors, supprimez d'un seul coup l'histoire, cette histoire glorieuse où l'on voit la France en lutte contre vingt peuples divers, sur cent cinquante champs de bataille, faire jaillir partout sur le sol arrosé de son sang et au profit des nations barbares, la civilisation, les arts, la lumière !

PIERRE, avec émotion.
Prince Alexis Mouriatéguine, je ne sais qu'une chose, moi, c'est que je suis né à Saint-Pétersbourg, et que Sa Majesté le czar est mon maître.

ALEXIS.
Monsieur Pierre Boriloff, à votre tour, sachez-le bien, je ne suis ni un de ces Russes prétentieux qui, voulant se donner un air plus élégant, plus civilisé, affectent ou un profond dédain ou une ridicule réserve lorsqu'ils parlent de leur pays ; je ne suis pas non plus de ceux qu'un excès de zèle pour le service du maître pousse à des rigueurs exagérées, à de ridicules rodomontades, à un puritanisme farouche ; cet orgueil n'est tolérable chez un peuple libre... quand on se montre fier par flatterie, la cause me fait haïr l'effet. — Ce que je suis, je vais vous le dire : en serrant la main de ces braves gens qui représentent à mes yeux un grand peuple, un gouvernement national, un règne respectable et respecté, et en leur offrant mon amitié, moi, Russe et tout aussi Russe que vous, croyez-le, eh bien ! en faisant cela, je suis un philosophe... peut-être un prophète, et dans tous les cas un homme de cœur !... Adieu, monsieur... mesdames... (A Mariol et aux ouvrières.) Au revoir, mes enfants...

SCÈNE XIII.
Les Mêmes, excepté ALEXIS.

PIERRE, regardant le Prince s'éloigner.
Ah ! cet homme !... je le hais ! (Il va causer avec Louise.)

IVANA, à Amanda.
Non, pas ces rubans-là, je n'en veux pas, moi !... Pierre, je vous prie, qu'est-ce donc ?

AMANDA, à Mariol.
Si l'on peut dire !

MARIOL, même jeu.
Elle est timbrée, la jolie fille !... laissez-moi faire. (Haut.) Mademoiselle, je vais vous montrer un amour de chapeau.

Ah ! oui, un amour de chapeau... je le veux. (Mariol et Ivana sont ensemble, de sorte que Pierre et Louise sont isolés des autres personnages.)

MARIOL, bas à Amanda.
Je crois que monsieur Pierre Boriloff tourne autour de Louise.

AMANDA, bas.
Laissez-le faire, ce garçon, pour ce que ça lui rapportera.

LOUISE, haut, après avoir pose causer bas avec Pierre.
Je vous suis reconnaissante, monsieur, de l'intérêt que vous voulez bien me témoigner.

PIERRE.
Cet intérêt est naturel, mademoiselle, et je ne suis pas le seul, je le vois, à faire des vœux pour votre bonheur. Le prince Alexis...

LOUISE.
Le prince est un noble cœur... nous lui devons déjà beaucoup, et notre reconnaissance...

PIERRE.
La vôtre lui suffirait sans doute.

LOUISE.
Elle lui est acquise à tout jamais ; les amis sont si rares !

PIERRE.
Peu de femmes doivent être aimées comme vous l'êtes... peu de femmes le méritent autant que vous.

LOUISE.
Monsieur !

MARIOL.
Regardez-moi ça, mademoiselle. (Il lui présente un chapeau sur le poing.)

IVANA.
Ah ! c'est joli ! bien joli ! (A Mariol.) Vous m'amusez à présent, vous m'amusez bien.

MARIOL, à part.
Bon ! v'là que j' lui sers de joujou. (A Amanda qui rit.) Veux-tu te taire, toi ! (Haut.) Comme c'est touché, hein ? c'est une nouvelle forme... elle est de moi... essayez-le et vous en serez contente.

IVANA.
Oh ! oui... essayons... Ah ! ça me fatigue.

MARIOL.
Pas comme ça... permettez... Vous le mettez sur les yeux ; ça se porte dans le dos. (Il lui essaye le chapeau.)

PIERRE, à Louise.
Vous ai-je offensée, mademoiselle ?

LOUISE.
Offensée... Non, monsieur...

PIERRE.
Dites-moi donc alors ce qu'il faut faire pour être digne de ce titre d'ami ?

LOUISE.
L'amitié de la pauvre Louise est de bien peu de valeur, monsieur.

PIERRE.
Pour moi, ce serait le bonheur, mademoiselle... (A part.) Du dédain !... oh ! nous verrons !

MARIOL, qui a essayé le chapeau.
Ah ! comme il vous chausse ! c'est-à-dire qu'il aurait été fait exprès qu'il n'irait pas mieux !

IVANA.
Il va très-bien... oui... Oh ! je suis bien contente !... (elle baille.) Bien contente !

MARIOL, à part.
Il y paraît !

AMANDA, à Ivana.
Ainsi, mademoiselle, on peut mettre ce chapeau de côté ?

IVANA, nonchalamment.
Oui... il me fait grand plaisir, et ça fera plaisir à papa aussi... Oui... à mon frère aussi, n'est-ce pas, Pierre ?

PIERRE, avec impatience.
Oui... oui...

MARIOL.
Alors je vais vous porter ça, mademoiselle, un carton, et je suis à vous.

PIERRE, à part.
Cette jeune fille aime quelqu'un... le prince... ou l'un de ses trois amis... (Haut.) Allons, partons, ma sœur.

IVANA.
Partons... je le veux bien... Ah ! mais rassurez-vous, petite... (A Louise.) Je reviendrai bientôt.

LOUISE.
Vous êtes trop bonne.

LE FACTEUR, entrant.
Une lettre pour monsieur Pierre.

MARIOL, lisant la suscription.
Quelle ressemblance avec l'autre lettre, celle qui m'a fait aller là-bas !

PIERRE, à Louise.
Me donnez-vous le droit de dire aussi : A bientôt ?

LOUISE.
Mon magasin est ouvert à tous les clients qui me font l'honneur de se fournir chez moi.

PIERRE, à part.
Toujours de glace... enfin !
MARIOL, qui a lu, bas à Louise.
Cré coquin ! Louise, ton secret, ta naissance, ta fortune !... tout est là.
IVANA, de loin à Mariol.
Eh bien ? venez... je vous trouve très-amusant.
MARIOL.
On y va, mademoiselle, on y va... (Bas à Louise.) Quel rasoir !
(Ils se dirigent tous les trois vers la porte, elle s'ouvre brusquement. Lucien paraît, pâle et défait ; il est accompagné de Sautriot. Un Agent les suit.)

SCÈNE XIV.
LES MÊMES, LUCIEN, SAUTRIOT, L'AGENT, DEUX GARDES DE POLICE.

L'AGENT, à Lucien.
Vous êtes l'armurier Lucien Bernard ?
LUCIEN.
C'est moi.
L'AGENT.
Les trois mille fusils que vous deviez livrer à quatre heures, où sont-ils ?
LUCIEN.
Dans la Néva.
TOUS.
Ah !
L'AGENT.
Dans la Néva ?
LUCIEN.
Au fond de votre fleuve maudit ! tous jusqu'au dernier !
L'AGENT.
Comment, misérable, vous auriez...
LUCIEN.
La guerre est déclarée entre mon pays et le vôtre... et vous venez me demander des fusils, à moi, à moi ! mais je me couperais plutôt le poing, que de fabriquer une seule arme destinée à frapper les soldats de la France !
MARIOL.
Ah ! c'est crânement dit !
IVANA, à Pierre.
Quoi ?... je vous prie... Mais tout cela est très-bien !
PIERRE.
Que vous importe ? (A part.) Ah ! la guerre est déclarée !
L'AGENT, à Lucien.
Suivez-nous.
LOUISE.
Lucien... mon Lucien !...
MARIOL, à l'Agent.
Dites donc, monsieur... eh bien, moi ?
L'AGENT.
Que voulez-vous ?
MARIOL.
Vous pouvez m'emmener aussi, allez... A sa place, j'aurais fait comme lui. . Je partage son opinion, je dois donc partager son sort... Ainsi, par file à gauche.
L'AGENT.
L'ordre ne concerne que Lucien Bernard... Mais en raison de vos discours, et en vertu de mes attributions, je vous arrête...
SAUTRIOT, à part.
Pincé !
LOUISE et AMANDA.
Mariol !
MARIOL.
A la bonne heure !... (A Lucien.) Comme ça, nous ne nous quitterons pas. (Se ravisant, à part en regardant Louise.) Ah ! bigre ! me faire coffrer quand j'ai tant besoin de ma liberté pour elle !... quelle boulette !... (Haut, en repoussant le soldat qu'on a placé près de lui.) Pardon, excuse, j'ai une affaire qui me force à circuler. (Le soldat court après lui ; un autre revient pour lui prêter main-forte, Mariol leur passe la jambe et s'enfuit en disant.) Gare que je passe !
SAUTRIOT.
Si je profitais de sa voiture ?... (Courant.) Gare là, gare ! (Il traverse au milieu des soldats culbutés par Mariol.)
IVANA, riant.
Ah ! ah !... ça m'amuse ! ça m'amuse !

ACTE II.
DEUXIÈME TABLEAU.
Un salon chez Boriloff.

SCÈNE PREMIÈRE.
UN DOMESTIQUE, SAUTRIOT, puis MARIOL.

SAUTRIOT, entrant avec un violon dans son étui.
Mademoiselle Ivana est-elle visible ?
MARIOL, entrant avec des cartons.
Mademoiselle Ivana est-elle visible ?
SAUTRIOT.
Mariol !
MARIOL.
Sautriot !
SAUTRIOT, au Laquais.
Annoncez le professeur de danse de mademoiselle.
MARIOL.
Annoncez la modiste de mademoiselle.
LE DOMESTIQUE, riant.
La modiste !... J'y vais, monsieur, j'y vais !
MARIOL.
Qu'est-ce qu'il a donc à rire, ce coco-là ? (Le Domestique sort.)
SAUTRIOT, seul avec Mariol.
Toi ici !... et n'as-tu pas peur de la police russe ?
MARIOL.
Elle a bien autre chose à faire maintenant que de s'occuper de moi.
SAUTRIOT.
Mais qu'es-tu devenu depuis quatre jours qu'on ne t'a vu ?
MARIOL.
C'est un secret... je ne voulais le confier à personne ; pas plus à toi qu'à Louise ou à Lucien.
SAUTRIOT.
Lucien ! pauvre garçon ! Qu'est-ce qu'il va devenir dans sa prison ?
MARIOL.
J'ai une idée, nous y songerons... chaque chose à son temps. Pour le moment, occupons-nous de ce qui m'amène dans cette cassine... je ne voulais rien raconter qu'après avoir réussi,... mais puisque tu m'as surpris, tu sauras tout... seulement, si tu t'avises de dire un seul mot...
SAUTRIOT.
Parole sacrée !
MARIOL.
Eh bien ! voilà ce que c'est. Ce petit chiffon de papier... (Il tire la lettre du premier acte) qui vient de je ne sais où, mais qui n'en a pas moins toute ma confiance, a donc commencé par me prescrire d'aller à Swinbac... un petit village à deux lieues d'ici.
SAUTRIOT.
Ah ça ! mais il a la rage des voyages, ton correspondant anonyme... Orienbourg, Swinbac...
MARIOL.
N'interromps donc pas... Le rendez-vous fixé était devant une espèce de château abandonné... le soir.
SAUTRIOT.
Le soir... hon !...
MARIOL.
J'entre donc dans le castel à l'heure dite... pas un chat pour me recevoir.
SAUTRIOT.
Et tu es entré...
MARIOL.
Raide ! qu'est-ce que je risquais ?... de la braise, nisco !.. quant à ma peau... trop heureux d'en faire le sacrifice à Louise... Voilà donc le billet doux, prête-moi tes deux oreilles. (Lisant sa lettre.) « Tu t'arrêteras devant le quatrième portrait de la » grand' salle du rez-de-chaussée... » le quatrième portrait...
SAUTRIOT.
C'est effrayant !
MARIOL.
Qu'est-ce que ça a d'effrayant, un portrait, imbécile ? attends donc...
SAUTRIOT, tremblant.
Oui... oui.
MARIOL, lisant et commentant son écrit.
« Examine bien ce portrait, c'est celui du feu seigneur comte » de Triskoï... par un jeu bizarre de la nature, tu ressembles » comme deux gouttes d'eau à l'original dudit portrait... » (s'interrompant, à Sautriot.) De son vivant... Tu m'écoutes ?

LE MASQUE DE POIX.

SAUTRIOT.

De son vivant!... le portrait de l'original... comme deux gouttes d'eau... Tu vois que j'y suis... va !

MARIOL, lisant.

« Grave ce portrait dans la mémoire, et retourne à Saint-Pétersbourg, en évitant d'être reconnu et suivi... Procure-toi un costume en tout point semblable à celui du portrait, et ainsi vêtu, présente-toi hardiment chez le barine Boriloff, sous le nom du seigneur de Triskoï, dont la mort est encore ignorée... Monsieur de Triskoï était l'ami intime du comte Rozoroff, lequel a été marié secrètement à Cécile Raymond, mère de Louise. » (A Sautriot.) Mère de Louise... tu entends?

SAUTRIOT.

Nous y voilà donc !... Ah ! bah ! le comte... Rozoroff... mère de Louise... non... je veux dire...

MARIOL.

Suivons... car c'est embrouillé comme un vieux mélodrame, et si on perd une scène, ni, ni, c'est fini, cours après... Nous disons donc qu'un noble russe qu'était comte de sa personne...

SAUTRIOT.

Monsieur Rozoroff...

MARIOL.

A épousé...

SAUTRIOT.

La mère à Louise...

MARIOL.

Et que Louise est la fille de ce comte... y es-tu?

SAUTRIOT.

J'y suis.

MARIOL, haut et lisant.

« Une fortune considérable avait été déposée secrètement à Paris, par le comte Rozoroff, à l'intention de sa femme, Cécile Raymond... »

SAUTRIOT.

Ah ! bigre !

MARIOL.

Attends, tu n'y es pas. (Lisant.) « Mais le comte étant mort sans que Cécile ait pu produire son acte de mariage, toute la fortune du comte, son mari, a fait retour au barine Boriloff, le plus proche héritier du comte. Or, Boriloff doit posséder cet acte important, ou du moins il doit savoir où il est. Par la volonté du comte Rozoroff, le mariage avait dû rester secret : les deux seuls témoins ont été le prêtre Sophron, d'une part, qui a béni les époux, et d'une autre part, le seigneur de Triskoï, accompagné d'un pauvre diable de Français qui est l'auteur de cette lettre, et qui signe : *Michel Lambert.* »

SAUTRIOT.

Michel Lambert!

MARIOL.

C'est une arme, ça, vois-tu, et j'en sais assez.

SAUTRIOT.

En voilà du mystère !... Alors toi?...

MARIOL.

Moi... je vais prendre le costume du comte de Triskoï... je l'exhume, ce noble défunt.

SAUTRIOT.

Ah ! tu vas prendre son costume... Bon, bon, oui, tu t'y entends ; mais le langage, les manières?

MARIOL.

Les manières ! Tu oublies donc qu'on sait un peu le russe ? Quant à la tête, souviens-toi qu'on a figuré à l'Ambigu, et qu'on a vu les acteurs se grimer.

SAUTRIOT.

Bien, te voilà devenu comte de Triskoï... Tu fais jaser le Boriloff.

MARIOL.

Je tâche de pincer l'acte de mariage...

SAUTRIOT.

Motus ! Voici des curieux !

LE DOMESTIQUE, rentrant.

Mademoiselle recevra demain sa modiste... Elle prie son professeur d'attendre là.

SAUTRIOT, bas.

Ainsi, je reste.

MARIOL, bas.

Et moi, je file pour mieux revenir.

(Ils sortent conduits par le laquais.)

SCÈNE II.

PIERRE, BORILOFF. Ils entrent vivement.

BORILOFF, avec colère.

Et je vous dis, moi, que c'est intolérable !... Se laisser pourchasser jusqu'ici par des créanciers... un Boriloff !

PIERRE, avec humeur.

Eh ! mon père... mais aussi, c'est... c'est votre faute.

BORILOFF.

Ma faute ?...

PIERRE.

Vous me laissez toujours manquer d'argent, et si ma sœur ne venait pas à mon aide...

BORILOFF.

Votre sœur est trop bonne ; je la gronderai sévèrement...

PIERRE.

La gronder !... Ah ! vous ne la traitez pas comme moi, elle, heureusement. Elle a de l'argent tant qu'elle en veut pour toutes ses fantaisies... Rien n'est trop coûteux pour elle... Vous l'aimez, vous l'aimez passionnément, aveuglément... comme on aime, enfin !... Oh ! ce n'est pas un reproche que je fais, allez !... Pauvre sœur ! tant mieux pour elle... elle a besoin d'affection... mais ce n'est pas une raison pour que moi...

BORILOFF.

Toi !... Mais tu as donc oublié les terribles conséquences de ton inconduite? Sans toi, j'aurais encore la charge brillante qui m'a été retirée et tous les avantages que donne la considération... Ce qui m'a perdu, ce sont les goûts dispendieux... Tes liaisons intimes avec les plus mauvais sujets de mon gouvernement.

PIERRE.

Ils faisaient partie de votre société...

BORILOFF.

Ma place me forçait à recevoir tout le monde.

PIERRE.

Et moi, j'étais trop jeune pour bien choisir.

BORILOFF.

Trêve de récriminations, Pierre ; elles nous conduiraient trop loin. Quoique bien affaiblis entre nous, je veux que dans ton langage, dans tes manières, les droits du sang demeurent respectés !... Vous détournez la tête pour me dérober vos regards chargés de haine et de colère. Pierre, Pierre, prends garde à ce qui se passe dans ton cœur !

PIERRE.

Ce qui s'y passe, vous le savez bien.

BORILOFF.

Ingrat !

PIERRE.

Mon père, j'ai besoin d'argent.

BORILOFF.

Malheureux !

PIERRE.

J'ai besoin d'argent. Vous en avez, et vous m'en refusez. Pourquoi cette sévérité... ou alors, pourquoi cette parcimonie? Oui, dites? mon père. Et puisque je suis devenu un homme, parlez librement, comme on parle à un homme. Pourquoi m'avoir bercé avec ces mots de fortune, de richesses, d'argent, si vous vouliez que mon cœur y restât insensible ? Enfin, pourquoi vous étonner que les germes d'égoïsme semés par vous se dressent contre vous?

BORILOFF.

Oh ! châtiment de Dieu !

PIERRE.

Ne me maudissez point, plaignez-moi. Est-ce ma faute si ma nature ressemble à celle des chevaux indomptés de nos steppes ?... Et cependant, je pourrais devenir souple et docile comme les jeunes gens que vous me citez pour modèles ! Que faudrait-il pour cela? Je le sais bien, moi, il faudrait l'amour d'une femme... d'une femme comme...

BORILOFF.

Achève...

PIERRE.

Non, vous ne me comprendriez pas, vous.

BORILOFF.

Eh bien ! cette femme ?...

PIERRE.

Mon père, si cette femme ne m'aime pas autant que je

l'aime... et bientôt, je serai irrévocablement fixés ur ce point... ou si, ne pouvant m'aimer avec la même passion que celle qui me consume, elle ne me prend pas, du moins, un peu en pitié ; alors, mon père, voici ce qui se passera en moi : je le sens, les mauvais instincts étoufferont les bons, sans appel, sans rémission... Alors, mon père, tremblez pour moi.

BORILOFF.
Ne m'appelez plus votre père, monsieur, il ne me reste qu'une fille.

PIERRE.
C'est ainsi que vous me traitez... Je puis parler... Prenez garde !

BORILOFF.
Des menaces !... Il ne manquait plus que ce dernier outrage !

PIERRE.
Prenez garde, mon père !

BORILOFF.
Il ne me reste qu'une fille, vous dis-je !

PIERRE.
Vous vous trompez : il vous reste en moi quelque chose encore.

BORILOFF.
Quoi donc ?

PIERRE.
Un complice. (Il sort.)

SCÈNE III.
BORILOFF seul, puis IVANA.

BORILOFF.
Un complice ! Qu'a-t-il voulu dire ?... Saurait-il ?... Oui, il doit savoir... Que m'importe, après tout ? Avoir un tel fils !... Ah ! oui... j'avais raison de le dire : — C'est le châtiment qui commence.

IVANA, s'approchant et tendrement.
Qu'as-tu donc, mon père ? Je parie que Pierre t'a encore fait de la peine ?... le méchant !

BORILOFF.
Ivana ! ma fille ! ma fille adorée ! (A part.) Ah ! Pierre ! pourquoi n'es-tu pas marié ?... Pourquoi n'as-tu pas un enfant ?... C'est l'amour paternel qui te rendrait meilleur. (Haut à Ivana qui tient un livre ouvert.) Que lis-tu donc là de si attachant, ma fille ?

IVANA.
Oh ! c'est effrayant, va, les causes célèbres du Livre rouge.

BORILOFF, écartant le livre.
Oh ! quel intérêt trouves-tu à la lecture de tous ces crimes ?

IVANA.
Cela fait mal... et alors, vois-tu, ça me fait plaisir ; oui, il y a surtout la mort de Vaninka, qui me fait frissonner... La pauvre fille !... Tu ne sais pas... on l'a étouffée avec... Ah ! ça me fait peur ! Si je mourais de cette manière-là, moi !... Ah !

BORILOFF.
Enfant !... Voyons, laissons cela... Ce livre vient de ma bibliothèque. Il y était renfermé... Qui te l'a donné ?

IVANA.
Pierre. Il sait que j'aime les histoires qui font peur... Ah ! dis donc, père, à propos d'histoires, est-ce que c'est vrai aussi ce qu'il m'a raconté, Pierre ?

BORILOFF.
Que t'a-t-il raconté ?

IVANA.
C'est au sujet de...

BORILOFF.
Au sujet de ?...

IVANA.
De... Mais tu te fâches toujours quand je te parle de lui...

BORILOFF.
De lui ?... De qui ?

IVANA.
De mon oncle...

BORILOFF.
Encore !

IVANA.
Là... J'en étais sûre... Allons, père, regarde-moi avec tes bons yeux, tu sais, les yeux qui m'aiment.

BORILOFF.
Sirène ! Eh bien ! voyons, parle... Que t'a-t-on raconté ?

IVANA.
Sais-tu que ce serait bien touchant, si c'était vrai !... Mais avec Pierre, on ne sait jamais un mot de vraie vérité.

BORILOFF, un peu impatienté.
Enfin !...

IVANA.
Ah !... encore ! (Prenant un ton enfantin pour son récit.) Il m'a donc raconté que mon oncle avait été bien malheureux... qu'il aimait une pauvre jeune fille, une Française... je ne sais pas son nom, ni Pierre non plus.

BORILOFF, à part.
Je le sais, moi, ce nom... et je sais aussi que mademoiselle Louise, cette jeune modiste, est la fille de...

IVANA, continuant.
Il paraît que la Française était venue à Saint-Pétersbourg pour être institutrice... que c'est là que mon oncle l'a connue... et qu'enfin, une nuit... dans une chapelle... bien loin... bien loin... on les a mariés secrètement.

BORILOFF.
C'est un mensonge... il n'y a pas eu de mariage.

IVANA.
Mais ne te fâche donc pas... Je te raconte, est-ce que je sais, moi ?

BORILOFF.
C'est vrai, continue.

IVANA.
Si tu te fâches encore...

BORILOFF.
Je ne me fâcherai pas.

IVANA.
Tu le promets ?

BORILOFF.
Je le jure.

IVANA.
Alors... ils sont partis, la nuit... en poste avec un seul domestique, un Français, à ce qu'il paraît... les voilà à la frontière... Ils se croient sauvés... Tout à coup, un homme arrive comme la foudre : Au nom du czar, dit-il, arrêtez-vous ! — Il s'adresse à mon oncle. — Retournez à Saint-Pétersbourg en toute hâte. — Pauvre oncle ! le désespoir l'a tué en route. — Vous, continue l'homme en s'adressant à la demoiselle, poursuivez votre voyage, la Russie vous est à jamais fermée. — Et là-dessus, on les a séparés, sans avoir égard à leurs larmes et à leurs prières. Quant au pauvre domestique français, il paraît, à ce que m'a dit Pierre, qu'on l'a envoyé en Sibérie, après lui avoir coupé la langue, pour le punir d'avoir assisté un seigneur russe dans son projet de fuir à l'étranger. Est-ce vrai tout cela, dis, père ?

BORILOFF, avec embarras.
Non... non... ma fille... en vérité... (A part.) Comment Pierre a-t-il pu savoir ?... Heureusement que l'acte du mariage secret est en ma possession... Quant aux témoins, aille qui pourra chercher au fond de l'Oural ce vieillard impotent, ce comte de Triskoï, si toutefois il existe encore.

LE LAQUAIS, à Ivana.
Le professeur de danse de mademoiselle attend là depuis longtemps.

IVANA.
Ah ! oui... qu'il vienne !

BORILOFF.
Je te laisse, mon enfant... Adieu ! adieu ! (Il sort.)

SCÈNE IV.
IVANA, SAUTRIOT, puis MARIOL, en costume de vieux seigneur russe.

SAUTRIOT, jouant du violon.
Mademoiselle, nous allons reprendre notre petite cachucha... nous consacrerons à la cachucha toute la leçon d'aujourd'hui.

IVANA, nonchalamment.
Je suis bien fatiguée... bien fatiguée.

SAUTRIOT, jouant.
Une, deux, trois... c'est cela... encore !... une, deux, trois... (On entend du bruit au dehors.)

IVANA.
Qu'est-ce qu'il y a ?

MARIOL, au domestique.
Chotakoï, Chabreiki, katesmei chalakek. Stainestetkihoia... Stephen Stephanowitch graf Triskoï. Oriembour général goubernator.

SAUTRIOT.
Hein ! qu'est-ce que c'est que ça ?

IVANA.

Quel est cet original ?

MARIOL, continuant.

Ordinof san't Alexander nescago Almazami Vladimir pervé; bolchago cresta prouscago crasnago orna cavaler : Czolotoï schpanié spad' vissir za crabrosti. (Le domestique salue et sort.)

SAUTRIOT.

Quel satané jargon !... Le diable en prendrait les armes.

MARIOL, à Ivana.

Pardon, chère comtesse ; je ne vous avais pas aperçue. Je vous rends mille grâces et vous fais mille pardons.

IVANA.

Mais... je n'ai pas l'honneur de...

MARIOL.

Ah ! c'est juste !... comment donc !... quel oubli de ma part !... Il y a si longtemps que je suis venu à Pétersbourg ! Je me suis donc déjà encroûté dans ma province ?

IVANA.

J'ai cru entendre que vous disiez au domestique d'annoncer à mon père monsieur...

MARIOL, tout d'un trait.

Stéphan Stéphanowitch, comte de Triskoï, général gouverneur militaire d'Oriembourg, ordonné des ordres : Saint Alexander Niewski, première classe, diamants fins : médaille de Sainte-Anne, diamants faux, troisième classe ; en outre, décoré d'un sabre d'honneur sans diamants, mais dont une partie en or, l'autre en platine, avec cette inscription gravée en bleu sur l'acier : *Pour la bravoure.* — *Za Crabrosti.* De plus...

IVANA.

Cher comte ! comment donc ! j'en sais assez, et nous serons flattés, mon père et moi...

SAUTRIOT, à part.

Mais c'est lui ! Où a-t-il pris tout cela ? Il a détroussé un dictionnaire russe.

MARIOL.

Chère comtesse, comment se fait-il que vous causiez avec ce serf ? (Il désigne Sautriot.)

SAUTRIOT, à part.

Il m'appelle serf ! — C'est Mariol !

IVANA.

Un serf !... ah !... ah !... mais non... non... c'est mon professeur... (riant.) Ah ! ah !

MARIOL, riant aussi.

Ah ! ah ! ah ! Je suis donc charmé déjà de vous voir si rigolotte, comme on dit à Paris ; mais dansez donc, je vous prie... aimable Tersicore... Monsieur le professeur, la moscovite ? (Fredonnant.) La, la, la.

IVANA.

Oh ! la jolie voix !... la belle voix !... Vous chantez, monsieur le comte ?...

MARIOL.

Il y a si longtemps que j'ai commencé de cesser mes études ! Ma voix s'est donc enfin un peu écornée...

IVANA.

Oh ! je vous en prie... La moindre des choses... Ce que vous voudrez...

MARIOL.

Eh bien, après vous.

IVANA.

Que voulez-vous que je vous chante ? *La Berceuse russe*, le Baioutchi Baiou.

SAUTRIOT.

Oh ! oui, le Baioutchi Baiou !

MARIOL.

Ce sera charmant dans votre bouche.

IVANA.

Mais vous chanterez après ?

MARIOL.

Oui, oui, pour obéir à votre oukase.

IVANA, chantant.

Air *de M. Fossey.*

Baioutchi Baiou,
 Dors, mon petit enfant si beau...
 La lune descend sur la terre ;
 Son rayon doucement éclaire
 Ton joli, joli nid d'oiseau.
 Baioutchi Baiou !

Je veux te conter une histoire,
 Une histoire de tes aïeux ;
 C'est au Tereck, dans la nuit noire...
 Ne tremble pas, ferme les yeux.
 Baioutchi Baiou !

Tchetchen a gravi la muraille !...
 Dans ses dents, il tient son poignard...
 Mais ton père l'a vu... bataille !
 Ton père a vaincu le Tatar !
 Baioutchi Baiou !

Ton père, un jour, tombe sans vie !
 « Femme, enfant... pour jamais, adieu !... »
 Dors, pauvre enfant ! — Ta mère prie
 Sous le calme regard de Dieu !
 Baioutchi Baiou !

MARIOL et SAUTRIOT.

Bravo !

IVANA.

Maintenant, à vous, monsieur le comte.

MARIOL.

Eh bien ! c'est donc pour obéir aux lois de la galantine russe !

SAUTRIOT.

Qu'est-ce qu'il dit ? Il parle de galantine !

MARIOL, fredonnant d'un air très-grave.

La, la, la... (s'interrompant.) Ah ! non, je vais faire l'imitation d'un berger russe, s'accompagnant de pipeaux, avec la voix tendre. (Il chante avec un ton aigre de soprano.)

A ki po mostou mostou
 Po ka li ne vo mou
 Chol pra choï ditinka
 Galouboï nanium kaftan
 Polé ma choutza rasdou vaï outza
 Auï trousten tchikeni pepi raïtza
 Aué lentetchkeni pa chiwa laïtza.

IVANA, éclatant de rire.

Parfait ! parfait !... Ah ! mon père !

BORILOFF, entrant.

Un étranger ! (A Sautriot et au domestique.) Laissez-nous. (Ils sortent. — Ivana sort aussi en fredonnant.) Aki po mostou...

SAUTRIOT, en sortant, bas à Mariol.

Je te le confie.

SCÈNE V.

MARIOL, BORILOFF, salutations, et ils s'asseyent.

MARIOL, parlant russe.

Idras toutié qui qué po le traîtré milostiveï gosoudar... (s'interrompant.) Mais je crois que nous ferions mieux de nous exprimer en dialecte français. Vos gens n'auraient qu'à nous entendre.

BORILOFF.

Volontiers... monsieur, monsieur ?

MARIOL.

Comment donc ! vous m'interpellez sur mon nom ! Vous ne reconnaissez donc pas déjà mon visage ouvert et joyeux ?

BORILOFF, à part.

Quel est cet original ? (Haut.) Monsieur, me direz-vous enfin ?...

MARIOL.

La raison du motif de ma visitation ? Rien de plus simple, cher comte ! Je viens vous voir ; et j'attends que vous me sautiez au cou, en me disant : Cher, je vous reconnais !

BORILOFF.

Mais il faudrait pour cela que je vous eusse déjà vu...

MARIOL.

Cherchez donc bien déjà dans le fonds de votre souvenance ?

BORILOFF.

J'avoue que vous ne m'êtes pas...

MARIOL, interrompant.

Tout à fait inconnu, n'est-ce pas ? Vous avez déjà contemplé mon visage quelque part.

BORILOFF.

En effet. Mais où donc ?

MARIOL.

Nous nous sommes entreconnus, il y a pas mal d'année

BORILOFF.

Attendez donc...

MARIOL.

Ça vient...

BORILOFF.
Oui... ce portrait...

MARIOL.
Vous brûlez donc déjà...

BORILOFF.
Vous seriez?...

MARIOL.
En personne, de chair et d'os, Stéphan Stéphanowitch, comte de...

BORILOFF.
Triskoï !

MARIOL.
Ordonné des ordres de...

BORILOFF.
C'est vous !

MARIOL.
Allons donc ! vous me reconnaissez enfin !

BORILOFF.
Écoutez donc ! il y a trente ans que je ne vous ai vu !

MARIOL.
Y a-t-il trente ans, cher comte ? Comme le temps passe donc déjà, grand Saint-Nicolas !

BORILOFF, à part.
Lui ! à Pétersbourg ! Chez moi ? Que vient-il y faire? Je tremble !

MARIOL.
Ressoyons-nous, s'il vous complaît, cher, nous avons à conversationner. D'abord, pour commencer, permettez-moi de vous serrer la main en la mémoire de mon meilleur ami, de feu votre frère !

BORILOFF, à part.
Mon frère ! nous y voilà ! (Haut.) Un noble cœur, cher comte !

MARIOL.
A qui le dites-vous? Ah ! je l'ai bien sangloté, et je le sanglote encore tous les jours. Je vous fais pardon pour ma sensibilité. Mais que voulez-vous, cher? nous sommes donc déjà presque tous mortels, comme dit le proverbe; ensuite, votre honoré frère, tout mou ami qu'il fut, avait la cervelle un peu brûlée, l'esprit un peu volatif... amoureux de toutes les femmes... trop amoureux ! ça avance donc déjà ! Enfin, il a claqué, comme on dit à Paris !

BORILOFF, à part.
Où veut-il en venir ?

MARIOL.
Cela me rappelle une aventure de ce cher ami avec une certaine mademoiselle Françoise, aventure où j'ai joué un rôle...

BORILOFF, inquiet.
Quelque folie de jeunesse.

MARIOL, sévèrement.
Qui commença de cesser par un mariage !

BORILOFF.
Un mariage pour rire !

MARIOL, se levant.
Que dites-vous donc? Oubliez-vous que vous parlez au devant de Stephan Stephanowitch, comte de Triskoï, ami intime de votre frère et de son aimable épouse Cécile Raymond, qui contractèrent l'un d'avec l'autre un mariage légitime et secret, dont je fus le témoin accompagné de Michel Lambert, Français, soldat? Vous devriez savoir cela et ne pas calomnier la mémoire de votre frère, qui est donc déjà trop mort pour pouvoir se défendre !

BORILOFF.
Enfin, monsieur, que voulez-vous ?

MARIOL.
Je veux la restitution de la fortune du comte Rozoroff et de Cécile Raymond, entre les mains de leur fille, Louise Raymond, que je connais, et dont vous gardez l'héritage.

BORILOFF.
A celui qui me produira l'acte du mariage secret, à celui-là seulement je rendrai la fortune !

MARIOL.
Tiens, vous avouez donc que vous l'avez volée ?

BORILOFF.
Monsieur !...

MARIOL.
Ah ! ah ! ah ! Stotakoï, soukintitin, chosti, ki, vàs mô...

BORILOFF.
Cet acte n'existe pas, et vous trouverez bon alors que je réserve mes droits en prenant telles mesures que de raison contre ceux qui tenteraient de les méconnaître.

MARIOL.
Puisque je vous dis que j'ai été témoin.

BORILOFF.
Prouvez-le, ou sans cela, je vous répéterai cent fois, mille fois : non, cet acte de mariage n'existe pas.

MARIOL, tirant un papier de sa poche.
Et moi, je vous dirai cent fois, mille fois, qu'il existe, et que c'est vous qui l'avez... Voici donc le contrat qui me l'affirme, et je crois à cela plus qu'à vous.

BORILOFF.
Que dit-il? C'est impossible ! (Il veut saisir le papier.)

MARIOL, l'empoignant à la gorge.
Ne touchez pas... ou je vous étrangle... histoire de vous apprendre à vivre. Ne gigotez donc pas comme ça... et ne faites pas le malin... A bas les pattes surtout !
Mais qui donc êtes-vous ?

MARIOL, changeant de ton.
César Mariol, enfant du boulevard du Temple, qui a pris la peau du bonhomme Triskoï pour connaître la vérité, et qui sait maintenant à quoi s'en tenir.

BORILOFF.
C'est l'enfer !

MARIOL.
Malhonnête !

BORILOFF.
Ah ! tu n'es pas le comte de Triskoï !... ah ! tu es un Français !... Tu as gâté ton jeu, maladroit ! tu as trop vite abattu tes cartes... Tu me croyais en ta puissance... et c'est moi qui te tiens en la mienne... Malheur à toi, Français maudit !

MARIOL.
Un moment ! Soyons gentil, et ne nous rebiffons pas... Monsieur Boriloff, je vous donne trois jours pour retrouver l'acte, sans rien ôter ni rien ajouter ! Mais si, dans trois jours, trois jours ! vous n'avez pas reconnu publiquement Louise Raymond pour votre nièce; si vous ne lui avez pas rendu toute la fortune de son père, oh ! alors, papa Boriloff, je parlerai, et quand je parle, j'en détache, allez !... Je fourrerai la patte de la justice dans votre marmite... Sur ce, bonsoir la compagnie... Tenez-vous chaudement, portez-vous bien... ne faites pas de mauvais rêves en pensant au petit Mariol, et surtout ne me reconduisez pas, car je serais au désespoir de vous déranger... J'ai bien l'honneur... serviteur... de tout mon cœur ! Zut ! nettoyé !... (Il disparaît.)

SCÈNE VI.
BORILOFF, seul. Il tombe accablé sur un siège.

Perdu... ruiné... dans trois jours, a-t-il dit !... dans trois jours ! (Il se promène à grands pas.) Mais ce délai qui me reste, c'est l'éternité, c'est le salut ! (Il sonne ; un domestique qui paraît.) Faites venir Kalouga. (Le domestique sort. Boriloff continue.) Oui, je lutterai !... Après tout, qu'ai-je en face de moi pour ennemi ? un Français, sans consistance !... Que dis-je ? d'autant moins à craindre que cette déclaration de guerre rend son parti odieux aux nôtres... D'ailleurs, aucune preuve légale... non, aucune !... Allons, j'étais un fou... un insensé de m'effrayer ainsi. (Le domestique reparaît avec Kalouga, et sort.)

SCÈNE VII.
BORILOFF, KALOUGA.

BORILOFF.
Approche.

KALOUGA.
Me voici, maître.

BORILOFF.
Tu es esclave... veux-tu être libre ?

KALOUGA.
A quoi bon, maître ?

BORILOFF, à part.
Brute ! (Haut.) Veux-tu gagner mille roubles ?

KALOUGA.
De l'argent... oui !

BORILOFF.
Écoute donc... C'est aujourd'hui la fête du Printemps... toute la ville se portera sur la berge de la Néva. Dans la foule se trouvera sans doute... elle s'y trouvera...

LE MASQUE DE POIX.

KALOUGA.

Qui, excellence?

BORILOFF.

Une jeune fille... Il se peut que, pressé par tes voisins, tu la heurtes involontairement, et qu'elle tombe à cet endroit du fleuve où le courant est le plus rapide, ce sera un malheur, une fatalité dont on ne songera pas à t'accuser... et cependant, si cette jeune fille ne reparaît pas, à toi les mille roubles.

KALOUGA.

Comment la reconnaîtrai-je?

BORILOFF.

Tu me suivras sans me perdre de vue un seul instant, et lorsque je m'approcherai d'une jeune fille, lorsque je la toucherai du doigt, en disant ces mots : Ah! vous voici, Louise Raymond... tu agiras.

KALOUGA.

J'agirai, maître.

SCÈNE VIII.

LES MÊMES, PIERRE, arrêtant l'esclave qui va sortir.

PIERRE.

Arrête!

BORILOFF.

Pierre!... que veux-tu?

PIERRE.

Mon père... pardon, pardon!

BORILOFF.

Tu m'as donc entendu?

PIERRE.

Oui... oui... j'ai entendu... Grâce, grâce, mon père!

BORILOFF.

Grâce!... Mais puisque tu as entendu, n'as-tu pas compris qu'il y va pour nous de l'honneur... de l'exil... de la vie?

PIERRE.

Non, mon père... on ne veut que de l'argent... donnez, donnez tout...

BORILOFF.

Ce langage dans ta bouche!

PIERRE.

Oui... je sais bien... vous ne pouvez comprendre... Oubliez ce que je vous ai dit tantôt... j'étais fou... j'étais furieux... j'étais méchant! je vous en demande pardon... Donnez tout ce qu'ils vous demandent, mon père... mon héritage... ma part de cette fortune... je l'abandonne... avec plaisir... avec joie... mais qu'elle soit heureuse!

BORILOFF.

Y penses-tu? Elle? Louise Raymond?

PIERRE.

Mon père, celle que j'aime plus que l'argent, plus que l'honneur, plus que la vie... c'est... c'est Louise Raymond!

BORILOFF, à part.

Ah! c'est elle qu'il aime! Allons, tout n'est pas perdu!

KALOUGA.

Maître!

BORILOFF.

Attends encore!... (Il fait signe à l'esclave, qui se retire.)

TROISIÈME TABLEAU.

Une vue intérieure de Saint-Pétersbourg. — La prison, à gauche du spectateur.

SCÈNE PREMIÈRE.

PEUPLE, GROUPES, autour d'une affiche placée au pied de la prison.

BESTUCHEFF, près de l'affiche et la commentant.

Voyez-vous, voyez-vous?... Ukase de Sa Majesté le czar!... La guerre!... On va renvoyer les étrangers qui habitent notre pays!... Nous allons nous retrouver en face de nos ennemis!...

TOUS.

La guerre! la guerre!...

BESTUCHEFF.

Dansons, chantons... Vive la guerre!...

TOUS.

Vive la guerre!...

SCÈNE II.

LES MÊMES, KALOUGA.

BESTUCHEFF, à Kalouga.

Eh bien?

KALOUGA.

Eh bien, il m'a dit d'attendre... je ne peux pas lui désobéir.

BESTUCHEFF.

C'est bon, frère... Moi, je n'attendrai pas, il y a du mécontentement ici. Les nôtres sont furieux contre la marchande française, ainsi qu'ils la nomment. Hier, quand elle a passé, on la regardait avec des yeux farouches. A la première occasion, ça éclatera, et... tu verras... tu verras.

KALOUGA.

Mais que t'a-t-elle donc fait, la Française, pour que tu la haïsses à ce point de désirer sa mort?...

BESTUCHEFF.

Ce qu'elle m'a fait?... Chut! voilà une patrouille... Viens de ce côté. (A des hommes du peuple.) Ne vous éloignez pas, vous autres... Les Français ne manqueront pas de venir ici aujourd'hui, et vous savez ce que nous avons à faire. (Ils sortent. La patrouille traverse le fond.)

SCÈNE III.

MARIOL entre en scène, suivi par LE MUET.

MARIOL, encore en habit du comte de Triskoï.

Kiju... doura... mia... karoc... krabrow... fichtra!... Passe ton chemin, animal!... (Le Muet insiste.) En voilà un qui est tannant, par exemple!... Il me poursuit depuis la maison de Boriloff... (Se retournant vers lui et lui parlant russe.) Nix loblou monetoff... (A part.) Je lui explique que je n'ai pas de monnaie... Encore! Ah! c'est trop fort!... Je vas le faire pincer par les soldats!... (A part.) C'est qu'il faut absolument que je rentre pour ôter ça... si on allait me reconnaître!... (En ce moment passe un Marchand avec une sorte d'éventaire sur lequel sont de petits papiers qu'il présente à la foule qui le suit.)

LE MARCHAND, criant.

Pour un kopeck, une indulgence! un kopeck! préservatif assuré contre les blessures... un kopeck, braves gens qui aurez à combattre les ennemis de la Russie... un kopeck! un kopeck!... (Le Muet, comme frappé d'une idée, s'approche du marchand d'indulgences, lui donne une pièce de monnaie et un écrit qu'il lui fait signe de remettre à Mariol. Le Muet se tient à l'écart. Le Marchand s'approche de Mariol et lui présente le papier, puis s'éloigne en criant :) Un kopeck!

MARIOL, étonné.

Ni à Vladimir si?... Quöi qu' c'est qu' ça?... un échantillon de la marchandise de ce vendeur de momeries!... (Lisant.) « Pour » monsieur le comte de Triskoï. » On me connaît donc!... Tiens, tiens! encore des mystères!... Ah! j'y suis... pourquoi pas?... sous cet habit de vieux lion russe j'ai peut-être donné dans la visière de quelque friponne?... Lisons!... (Après avoir lu.) Hein? est-ce bien possible?... Eh! là bas... l'homme aux papiers... Comment diable sa fait-il?... mais non... Cependant si c'était vrai... si... (Lisant.) « On en veut aux Français. Les jours de Lu-» cien sont particulièrement menacés. Tantôt, à la sortie du » tribunal, lorsqu'on le reconduira en prison, une émeute doit » éclater... on tâchera de dissiper l'escorte pour massacrer le » prisonnier. Avis à nos amis! avis aux Français! » Sacrelotte! quels gueux!... Ça doit être la vérité, ça!... Je vas prévenir la garde municipale d'ici!... Non, je cours réunir tous les compagnons armuriers de Lucien, c'est plus national et plus sûr!... (A un Soldat qui refuse de le laisser passer.) Nisko farodoïa cantamé... ouragok... Talavala. (Le Soldat se range avec respect. A part.) Il est esbrouffé!... Maintenant, poussons-nous de l'air... et raide encore!... (Il sort en courant. Le Muet l'observe avec attention.)

SCÈNE IV.

Pendant la fin de la scène précédente, on a vu OULITA, suivie de QUELQUES JEUNES FILLES, sortir d'une maison à droite.

OULITA, à ses amies.

Merci, mes bonnes amies, merci! Joë m'attend là... (Elle désigne la prison) pour l'aider à remplir les devoirs de sa charge... Ce n'est, vous le savez, que par une protection spéciale qu'il a obtenu ce matin une dispense de service... Il a dû regagner son poste au plus vite, et moi, j'ai hâte de le rejoindre. Adieu! à ce soir, à ce soir!... (A une femme qui tient un enfant dans ses bras.) Toi, nourrice, précède-moi, va!... (Elle lui indique la prison; la Nourrice y entre. Les jeunes filles sortent. — Apercevant le Muet.) Ah! voilà ce pauvre muet que j'ai recueilli dernièrement dans notre village, et à qui, depuis que je suis ici, j'ai déjà confié le soin de porter une lettre comme celle-ci... (S'approchant du Muet, bas.) Tiens, prends... pour le jeune seigneur Nicolaï Pétrovitch... tu sais!... cette lettre sera la dernière... (A elle-même.) Il faut qu'il sache que, pour lui obéir, je me suis mariée à Joë... mais aussi que j'ai tout dit, tout avoué. Il faut que Nikolaï me jure qu'il n'oubliera point son enfant. (Au Muet.) Va... va donc et rapporte bien vite sa réponse... (Elle présente sa lettre au Muet, qui la repousse et qui exprime par gestes les motifs de son refus.) Que dit-il?... Là-bas, c'est-à-dire auprès de Nikolaï Pétrowitch, le danger, les larmes, tandis qu'ici... auprès de mon époux, la consolation, la sécurité, le bonheur !... Peut-être a-t-il raison... Eh ! bien, laisse-moi... va-t'en... ah ! laisse-moi !

SCÈNE V.
Les Mêmes, LOUISE, AMANDA.

LOUISE, à Amanda.

Nous y voici... Dieu soit loué !

AMANDA.

Mais comment pénétrer dans cette prison ?... à qui nous adresser ?... (Le Muet proud Amanda par le bras et lui désigne Oulita.) A elle ? oui, elle ! mais je ne me trompe pas... (S'approchant.) C'est notre nouvelle mariée... (Allant à Oulita.) Madame... (Le Muet s'éloigne.)

OULITA.

Que me voulez-vous ?

AMANDA.

Vous venez de vous marier. Cette journée doit être pour vous une journée heureuse ; il dépend de vous qu'elle le soit aussi pour cette jeune demoiselle... (Elle désigne Louise.)

OULITA.

Pour mademoiselle ? (Allant à Louise.) Que puis-je donc faire pour vous ?

LOUISE.

On a enfermé là un jeune homme, un ami, un frère... il souffre... il faut que je le voie... que je le console... donnez-moi une heure, un instant, le temps que vous voudrez... mais laissez-moi le voir... oh ! je vous en conjure, conduisez-moi près de lui !...

OULITA.

Hélas ! ce que vous demandez ne dépend pas de moi... et je ne puis...

AMANDA.

Ne nous refusez pas... je vous en conjure... Tenez. (Elle veut lui donner de l'argent.)

OULITA, la repoussant avec colère.

Mademoiselle ! (Se radoucissant.) Une pauvre femme comme moi ne peut rien ni pour vous ni pour celui à qui vous vous intéressez.

SCÈNE VI.
Les Mêmes, LE PRINCE ALEXIS, suivi d'un laquais.

LE PRINCE, à Oulita.

Vous vous trompez, mon enfant. Vous pouvez faire ce que mademoiselle réclame de votre pitié... Là, où de puissantes sollicitations échoueraient, sans aucun doute, vous réussirez, vous, j'en ai la conviction.

OULITA, s'arrêtant.

Mais, monsieur, qui êtes-vous ?... Je ne vous connais pas, moi...

LE PRINCE.

Qui je suis ?... (Il dit un mot à voix basse à son laquais, qui sort.) Qui je suis ?... Eh ! mon Dieu ! mon enfant... je suis peut-être le confident, l'ami de Joë, oui, de Joë, naguère encore garde-chasse du comte Nicolaï Pétrowitch, et aujourd'hui concierge de cette prison...

OULITA.

Mon Dieu !...

LE PRINCE.

Pauvre Joë ! Je me souviens encore de la dernière chasse que nous fîmes ensemble... C'est à la fois un triste et charmant souvenir. Jugez-en : — Nous étions assis au bord de la Doura, cachés par un feuillage épais de sapins et de bouleaux... A quelques pas de nous... vinrent s'asseoir deux jeunes gens, deux amoureux, sans doute ; ils semblaient préoccupés et tristes... En les apercevant, Joë devint pâle, il voulut se lever ; je lui fis signe de se rasseoir. Il obéit silencieusement. La jeune fille se mit à pleurer. Le seigneur, car c'était un seigneur, ne songea pas à essuyer ses larmes... Tout à coup une voix se fit entendre au loin. « On m'appelle ! s'écria la jeune fille. Adieu ! adieu !... » Elle se mit à courir ; puis, tout aussitôt, revenant sur ses pas : — « Tiens, dit-elle d'une voix émue, voici des germandrées, de l'espargoutte, de pâles bluets attachés avec un brin d'herbe... tu le sais, chez nous, ces fleurs sont l'emblème de l'amour constant. garde donc ce bouquet ; garde-le toujours en souvenir de moi... » Et la jeune fille disparut ; ensuite...

OULITA.

Achevez !

LE PRINCE.

Ensuite, le jeune seigneur resta quelques moments debout ;

il n'était pas ému, lui... il était impatient... A la fin, il haussa les épaules, regarda le bouquet avec dédain, le laissa tomber... et s'éloigna à grands pas...

OULITA.

Ah !

LOUISE et AMANDA.

Pauvre femme !

LE PRINCE.

Quant à Joë, il pleurait... il alla ramasser le bouquet, le contempla tristement et le présentant à son compagnon : — « Monseigneur, dit-il, puisque vous daignez vous intéresser à moi, conservez-le ; vous le rendrez à... à la jeune fille, quand vous croirez le moment venu de la désabuser... » Le seigneur attendri prit le bouquet ; il l'emporta,... et depuis ce jour, il l'a religieusement conservé. Maintenant, prononcez, Oulita : l'instant est-il venu de rendre à celle qui l'a cueilli le bouquet jeté par l'ingrat Nicolaï Pétrowitch, ramassé par le pauvre Joë et gardé par un ami ?... (Il lui présente le bouquet que le domestique a rapporté discrètement.)

OULITA, le prenant avec émotion.

Monseigneur, merci ! vous m'avez fait mal... (Avec fermeté.) Mais je guérirai... Merci !... Comment vous témoigner ma reconnaissance ?...

LE PRINCE.

En accordant, à votre tour, un peu de pitié à cette jeune fille qui pleure et qui souffre comme vous avez souffert et pleuré.

OULITA, à Louise.

Venez, venez donc, mademoiselle ; et si je puis vous être utile, comptez désormais sur tout mon dévouement... Venez !... (Louise congédie Amanda, qui s'éloigne par le fond. — Oulita entre sans difficulté dans la prison avec Louise, qui, de loin, envoie des remerciements au prince. Pendant la scène qui précède, on a vu Bestucheff désigner avec colère Louise à un homme du peuple.)

SCÈNE VII.
LE PRINCE, UN AIDE DE CAMP.

L'AIDE DE CAMP.

Colonel, quelques manifestations commencent à éclater contre les Français ; le général vous mande à l'instant. (Cris.)

LE PRINCE.

Je vous suis, capitaine. (Ils sortent.)

SCÈNE VIII.
BESTUCHEFF, MOUJICKS, entrant du côté opposé.

BESTUCHEFF, regardant le prince s'éloigner.

Allez ! allez ! ils sont partis !... et ils croient que c'est là-bas que le tapage aura lieu !... Tant mieux... nous serons tout à fait à notre aise ici pour agir. Attention !... on va sortir du tribunal... Tout le monde est-il à son poste ?...

TOUS.

Oui !... oui !...

CRIS, dehors.

Aux Anglais !... aux Anglais !... (Des pompiers passent.)

BESTUCHEFF, bas aux siens.

Ce n'est rien, c'est le quartier anglais qui brûle. Qu'on ne bouge pas ! (Regardant à droite.) Qui vient de ce côté ?...

UN HOMME.

Des étrangers !... On dirait des Français ?...

SCÈNE IX.
Les Mêmes, QUELQUES FRANÇAIS passent au fond et se rencontrent ; SAUTRIOT arrive, son violon sous le bras.

SAUTRIOT.

Bonjour, messieurs. Que se passe-t-il donc ?... On m'apprend qu'il y a du bruit, de l'effervescence parmi les gens du peuple... Moi, je viens de donner mes leçons, et j'ignore tout à fait les nouvelles... mais je ne puis croire à ce qu'on dit.

UN FRANÇAIS.

Regardez ! cela n'annonce rien de bon...

SAUTRIOT.

Hum !... En effet !... quelles mines !... quels yeux !... quelles barbes !... De vrais sauvages... Dieu me pardonne !... ils viennent à nous...

BESTUCHEFF, à Sautriot.

Monsieur est professeur de danse, à ce que je vois.

SAUTRIOT.

Oui, monsieur.

BESTUCHEFF.

Monsieur est Français ?

SAUTRIOT.

Oui, monsieur.

BESTUCHEFF.
Très-bien.
SAUTRIOT.
Me sera-t-il permis, à mon tour, de vous demander... (A ses compatriotes.) Vous allez voir comment je vais lui parler... (Haut.) De vous demander dans quel but vous m'avez adressé toutes ces interpellations?
BESTUCHEFF, insolemment.
Dans le but de faire connaissance avec un confrère...
SAUTRIOT.
Un confrère!... Vous donnez des leçons de danse, vous?... (A part.) Des leçons de savattes, tout au plus.
BESTUCHEFF, changeant de ton.
Monsieur, je donne parfois des leçons de danse... et même je dois vous confesser que j'ai, dans ce moment, une furieuse démangeaison d'en administrer une... et une bonne...
SAUTRIOT, effrayé.
A qui donc, monsieur?
BESTUCHEFF.
A vous et à vos compatriotes...
LES MOUJICKS.
Oui!... oui!...
SAUTRIOT.
C'est indigne!... C'est lâche!...
LES FRANÇAIS.
C'est une infamie!

SCÈNE X.
LES MÊMES, MARIOL, avec huit ouvriers français.
MARIOL.
De quoi?... Prenez la leçon, mes enfants, nous v'là pour payer les cachets.
SAUTRIOT, joyeux.
Mariol!... avec les amis!... Ah! quelle chance!... En avant deux, en avant douze, la queue du chat. (Il danse.)
MARIOL, à Bestucheff.
Eh bien! malin, j'ai amené des vis-à-vis, què qu'tu dis de ça? Allons, la main aux dames!... Mais, non, une idée... Allons-y nous deux, tout seuls... là... Une, deux!... Un duel singulier en présence des ennemis... comme chez nos papas... Ça y est-il?... — Oui!... Que personne ne bouge! ça va commencer... Holà, jeune homme!... Qu'est-ce que tu défends?... Tiens, Sautriot, regarde-moi cette tête, c'est comme un marron sculpté!... Une... deux... (Il jette par terre Bestucheff. — A Bestucheff.) Holà, bourgeois, faut-il une voiture?... — Avance, cocher, et en route sur le macadam!... — A un autre, maintenant!... Qu'est-ce qui en veut? Parlez, faites-vous servir!... (Dans cet instant, on voit la nourrice d'Oulita descendre les degrés de la prison, son enfant dans les bras. Elle est suivie par une foule de gens qui sortent tumultueusement de la séance du tribunal et viennent se grouper, en vociférant, sur les degrés de la prison. Les moujicks de la rue se mêlent à leurs cris.)
TOUS.
A mort, la Française, à mort!
OULITA, paraissant en haut de la prison.
Comment la sauver?... Mes amis... mes amis...
TOUS.
A mort la Française!
MARIOL.
Mais c'est elle!... C'est Louise!... (Aux moujicks.) C'est à Louise que vous en voulez?...
BESTUCHEFF.
Oui, à elle!... A vous tous!... et cette fois, malheur!...
OULITA, en haut de l'escalier.
Mon Dieu!... la voici! (On voit paraître Louise, émue, tremblante.)
LES MOUJICKS, du l'escalier, en la voyant.
A mort!.. à mort!... (Ils vont s'élancer sur elle. En ce moment, Oulita jette les yeux sur la nourrice qui s'est approchée d'elle. En voyant son enfant, Oulita semble saisie d'une inspiration soudaine. Elle prend l'enfant et le met dans les bras de Louise.)
OULITA.
Passez, maintenant, ils ne vous feront aucun mal. (Les moujicks s'écartent incertains. Louise commence à descendre.)
BESTUCHEFF.
Eh bien! qu'attendez-vous, là-bas?... Allons donc!... A la Française! à la Française! (Il s'avance avec fureur.)
ALEXIS, arrivant et le jetant à genoux d'un mouvement rapide et vigoureux.
A genoux, lâche! à genoux!... Une femme qui tient un enfant dans ses bras, c'est sacré!... (Au peuple.) Sachez que de n'est pas sur une place publique, mais sur un champ de bataille, qu'il faut se battre avec ses ennemis. — Pour que vous ne l'oubliez pas à l'avenir, vous allez partir sur-le-champ pour l'avant-garde de l'armée du Danube... Là, vous pourrez satisfaire votre haine; là, vous serez des soldats, non des assassins... — Taisez-vous!... Fusillés ou soldats... choisissez!... Je me suis chargé de votre équipement... tenez!... (Sur un geste qu'il fait, des soldats entourent Bestucheff et les moujicks, leur arrachent leurs cabans, les remplacent par des capotes, des casques, et leur mettent le fusil sur le dos.)
MARIOL, se moquant des nouveaux soldats.
Oh! là, là!... Oh! quelles têtes!... Oh! j'ai mal à la rate!...
LE PRINCE, à Louise.
Venez, mademoiselle, ne craignez rien..... Qui donc maintenant oserait vous insulter?... (Il passe fièrement au milieu des moujicks. Oulita, au haut des degrés, lève les mains au ciel.)

ACTE III.
QUATRIÈME TABLEAU.

Les salons du Prince Alexis. — Au lever du rideau des tapissiers sont occupés à donner la dernière main aux préparatifs d'une soirée.

SCÈNE PREMIÈRE.
MARIOL, SAUTRIOT, en ouvriers. Ils aident les ouvriers tapissiers et s'arrêtent dans leur travail.
SAUTRIOT, regardant si on ne l'observe pas ; à Mariol.
Dis donc, quelle chasse! le diable en aurait perdu ses cornes! A défaut de cornes, j'ai fait un jeté battu; j'ai pris mes jambes à mon cou, et...
MARIOL.
Et dire qu'une demi-douzaine de soldats et autant de particuliers avec des figures comme celle de Bestucheff, le gueux... sont venus chez nous ce matin sous le vain prétexte de nous agrafer.
SAUTRIOT.
Mais, au fait, pour quel motif, hein?
MARIOL.
J'ai eu la curiosité de le demander.
SAUTRIOT.
Et on a répondu?
MARIOL.
On m'a répondu que ça ne me regardait pas.
SAUTRIOT.
Je proteste.
MARIOL.
Moi aussi, j'ai protesté... à grands coups de chaussons... Je sais bien que des coups c'est pas des raisons... on me bousculait, j'ai bousculé... je m'en accuse, mais au fond je n'en suis pas fâché, parce que de bousculade en renfoncement, et de renfoncement en bousculade...
SAUTRIOT.
Tu nous as tirés de leurs pattes, ce qui nous a permis d'accourir ici.
MARIOL.
A l'hôtel de notre ami le prince Alexis.
SAUTRIOT.
Qui donne une fête... justement... comme ça se trouve!
MARIOL.
Au milieu du bouvari, du mouvement d'ouvriers, nous pénétrons...
SAUTRIOT.
Nous trouvons un compatriote.
MARIOL.
Un brave maître tapissier à qui nous racontons nos traverses.
SAUTRIOT.
D'abord il a peur de nous prêter assistance...
MARIOL.
Tout d'un coup il change d'idée... il nous reconnaît...
SAUTRIOT.
J'ai donné des leçons à sa nièce.
MARIOL.
Monsieur Sautriot, voulez-vous bien? Vous devenez fadard!
SAUTRIOT.
Bref, le bonhomme nous incorpore dans sa brigade.
MARIOL.
Et pour le moment du moins, nous sommes en sûreté. C'est

pourtant bien dommage de ne pas être libres de circuler dans la ville...

A cause ?

SAUTRIOT.

MARIOL.

A cause de Lucien, donc !

SAUTRIOT.

C'est vrai ! pauvre Lucien ! Est-ce que tu aurais trouvé un moyen de le sortir de sa prison ?

MARIOL.

Peut-être ! Connais-tu le docteur Kroupoff ?

SAUTRIOT.

Le docteur Krou...

MARIOL.

Kroupoff !

SAUTRIOT.

Kroupoff ? connais pas.

MARIOL.

Un vieux médecin chargé de l'inspection de la prison de Lucien. J'ai fait sa connaissance, à ce vieux. En voilà encore un que j'attrape. (D'une voix bêtée.) Docteur Kroupoff, colonel-médecin-inspecteur des prisons de Pétersbourg, trente ans de services et cousu d'infirmités.

SAUTRIOT.

C'est que c'est ça.

MARIOL.

Es-tu bête ! tu le connais pas !

SAUTRIOT.

C'est vrai ! mais ce doit être ça.

MARIOL.

J'avais donc conçu le projet d'entrer aussi dans la peau de ce bonhomme-là.

SAUTRIOT.

Au fait, pendant que tu y es...

MARIOL.

Vêtu comme lui, ayant sa tournure et sa voix, je voulais essayer d'entrer dans la prison de Lucien, et là... Mais on vient... à l'ouvrage... n'ayons pas l'air...

SAUTRIOT.

Qu'est-ce qu'il y a ?

MARIOL.

Aie donc pas l'air, je te dis. (Ils grimpent des deux côtés d'une échelle qui est au milieu du théâtre, et paraissent arranger le lustre.)

SAUTRIOT, regardant dans la coulisse.

Ah ! l'agent russe ! (Il fait un mouvement.)

MARIOL, bas.

Veux-tu bien te tenir tranquille ?... tu vas nous faire rouler par terre, juste aux pieds de l'ennemi... ce serait humiliant.

SCÈNE II.

Les Mêmes, LE PRINCE, L'AGENT.

LE PRINCE, lisant un papier que lui a remis l'Agent. Avec mépris.

C'est bien, monsieur, je sais qui vous êtes... et quels sont vos ordres. Remplissez-les, ce n'est pas moi qui y mettrai obstacle.

MARIOL.

Nous sommes pincés !

L'AGENT.

Croyez, monseigneur, que je saurai concilier mes devoirs avec le respect le plus profond pour...

LE PRINCE, avec hauteur.

Il suffit !

SAUTRIOT, à Mariol.

As-tu entendu ?... du respect... il a du respect pour nous... à la bonne heure, ça nous élève, ça. (Il trébuche.)

MARIOL, bas.

Prends garde de tomber.

LE PRINCE.

Allez, monsieur, allez !

L'AGENT.

Votre Excellence n'a point d'or... de recommandations particulières à me donner ?

LE PRINCE.

Mais, monsieur, vous n'êtes pas ici de mon plein gré, que je sache, vos instructions vous enjoignent de tout voir, de tout entendre, pendant la soirée que je donne chez moi. Voyez donc, monsieur, écoutez, c'est votre affaire, non la mienne. Tout ce qu'on peut attendre de moi, c'est une obéissance passive.

J'obéirai, monsieur, et je tâcherai d'oublier que vous êtes chez moi. Allez.

MARIOL.

Bravo !

SAUTRIOT, effrayé.

Oh ! (L'Agent et le Prince retournent la tête ; Mariol et Sautriot ont le nez en l'air. Ils semblent travailler au lustre. — L'Agent s'éloigne lentement. Le Prince fait signe au maître tapissier et semble le questionner sur les ouvriers placés sur l'échelle.)

LE PRINCE, au maître tapissier.

Je vous excuse, monsieur Bonnefons, mais une autre fois soyez plus circonspect. Il est inutile que je fournisse gratuitement des armes contre moi en paraissant protéger ceux de vos compatriotes qui précisément ont attiré sur eux les rigueurs de la loi. (L'interrompant.) Allons, que tout le monde ignore ce qui s'est passé. Maintenant que vos préparatifs sont achevés, emmenez votre monde, à l'exception de ces deux hommes. (Mariol et Sautriot.) Monsieur Bonnefons, ne craignez rien, vous êtes à peu près naturalisé Russe, la mesure d'expulsion qui concerne les Français pourrait vous ruiner. Je ferai en sorte qu'elle ne vous atteigne point. (Le tapissier salue et s'éloigne en emmenant son monde et son matériel. A peine la scène est-elle vide, que Mariol et Sautriot viennent s'incliner devant le Prince.)

LE PRINCE.

Eh bien ! messieurs !

MARIOL.

Ah ! prince, nous ne sommes donc plus vos amis... vos petits amis ?

LE PRINCE, souriant.

Ah ça ! mes enfants, vous avez donc choisi ma maison comme lieu d'asile ?

MARIOL.

Le fait est, monseigneur, que dans le danger que nous courons maintenant, traqués que nous sommes comme des malfaiteurs, pour avoir eu la langue un peu trop vive et le bras un peu prompt à la parade, nous avons d'abord songé à vous.

SAUTRIOT.

A votre protection.

LE PRINCE.

Ma protection, j'ai bien peur qu'elle ne soit désormais considérablement amoindrie... Mais vous ne savez donc pas que moi-même... dans ma propre demeure, je... (A part.) Non... qu'ils ignorent cela. Il ne faut pas qu'ils aillent redire à la France quelles erreurs, quelles fautes on commet ici. Ah ! peuples d'Occident, nations inquiètes et fiévreuses, si vous aviez à subir nos humiliations... notre servitude !

SAUTRIOT, bas à Mariol.

Il se consulte... dis donc, qu'en penses-tu ?

MARIOL, bas.

Je pense que nous le gênons, peut-être, et qu'en conséquence...

SAUTRIOT, bas.

Compris... Allons nous faire inviter ailleurs. Faut pas gêner la danse.

MARIOL, au Prince.

Monseigneur, nous croyons nous apercevoir que nous causons de l'embarras ici, nous ne sommes pas grand'chose pourtant... des mouches, des fourmis... mais toute petite qu'elle est, une mouche est parfois diablement gênante... alors par manière de conclusion... avec votre permission.

SAUTRIOT.

Et avec tous nos remerciements.

MARIOL.

Nous allons bourdonner autre part. (Saluant.) Monseigneur... Viens, Sautriot.

SAUTRIOT, saluant.

Monseigneur...

LE PRINCE.

Attendez. (A part.) Ces pauvres diables ! je ne puis pourtant les abandonner ainsi. (Haut.) Voyons, que comptez-vous faire ? quels sont vos projets ? En supposant que je parvienne pendant un jour ou deux à vous dérober aux poursuites dont vous êtes l'objet, il faudra toujours après ce temps-là prendre un parti, et...

MARIOL.

Pardon, prince, si je vous interromps, mais notre plan est tout tracé : primo d'une, avoir des nouvelles de Lucien, car vous comprenez bien que son sort sera le nôtre. Deuzio et deux, faire reconnaître Louise par sa famille.

LE PRINCE.

Que dites-vous ?

MARIOL.

Je dis quelque chose que vous ne tarderez pas à apprendre tout au long, monseigneur, ce qui fait que je vous demande la permission de supprimer les détails, quant à présent. Tertio et de trois...

LE PRINCE.

Eh bien ?

MARIOL.

Eh bien ! et de trois, c'est-à-dire quand le primo et le deuxio auront été faits et bien faits, nous songerons à filer en France avec Lucien, qui sera devenu libre, et avec mademoiselle Louise qui sera devenue riche... Voilà !

LE PRINCE.

Tout cela me semble obscur, mais vous êtes gens de ressources et je m'en fie à vous... On vient... Les salons commencent à se remplir... Tenez-vous à l'écart.. là... du côté de l'office.. montrez-vous le moins possible... Cependant soyez à portée de m'entendre, et tenez-vous prêts à venir me parler, car il se peut que j'aie du nouveau à vous apprendre.. Je vais songer à vous... soyez tranquilles. (Il les congédie.)

MARIOL.

Prince, vous mettez le comble...

SAUTRIOT, avec sentiment.

Ah ! oui, vous mettez le comble.

(Ils sortent.)

SCÈNE III.

DES INVITÉS passent et saluent le Prince, qui va au fond pour les recevoir. Pendant ce jeu de scène, BORILOFF, PIERRE et IVANA ont salué et sont venus se placer à l'avant-scène. D'autres dames garnissent les banquettes. Ivana est assise.

PIERRE, debout dans un angle du théâtre, bas à son père.

Savez-vous pourquoi le prince nous a conviés à sa fête ?

BORILOFF.

Nous sommes un peu parents, et il a eu le bon goût de s'en souvenir en donnant cette soirée, qui sera la dernière de la saison, car on dit qu'il va se rendre à l'armée.

PIERRE, bas.

Ah ! vous croyez que c'est par pure politesse ?

BORILOFF, bas.

Quel autre motif ?

IVANA, assise.

Pierre ?

PIERRE.

Ma sœur ?

IVANA.

N'est-ce pas que cette dame qui est là-bas n'est pas si bien que moi ?

PIERRE.

Non, ma sœur.

IVANA.

Comme tu me réponds !... Les frères ne sont jamais galants avec leurs sœurs, ils sont bien ennuyeux. Je vais m'adresser à un autre... à un monsieur... il me répondra plus poliment.

(En ce moment, le Prince redescend le théâtre avec un Général.)

SCÈNE VI.

LES MÊMES, LE PRINCE, redescendant en scène avec un GÉNÉRAL.

LE GÉNÉRAL.

Tenez, prince, un conseil, un bon conseil... Vous avez trop de franchise et surtout trop de sympathie pour l'Occident. (Voyant l'Agent qui s'est approché et qui prend des notes à la dérobée.) On nous observe, j'en ai déjà trop dit. (Il veut s'éloigner.)

LE PRINCE, le retenant.

Un mot, général, rassurez-vous, je ne compromets jamais que moi. Général, à Dieu ne plaise que je m'oppose en quoi que ce soit aux arrêts de mon souverain ; qu'il ordonne, j'obéis ; qu'il fasse un signe, et je meurs là à mon poste, en soldat. (A l'agent.) N'écrivez pas cela monsieur, c'est le bon côté. (Haut, au général.) Ma fortune, ma personne, ma vie appartiennent donc à Sa Majesté le Czar ; mais ma conscience est à moi, je n'en réponds qu'à Dieu. Eh bien ! dans ma conscience, je déplore l'erreur fatale de ce vieux parti russe, parti rétrograde et aveugle qui domine dans les conseils du souverain. Je déplore la servilité profonde de ce pays qui supprime l'homme et ne laisse subsister que le courtisan. Ici tout le monde flatte parce que tout le monde a peur. (A l'Agent.) Écrivez, monsieur !

LE GÉNÉRAL.

Prince, prenez garde ! vous vous perdez.

LE PRINCE.

Général, mon père m'a fait élever dans l'horreur du mensonge : en politique aussi bien qu'en morale, je le considère comme la plus impardonnable des maladresses et la plus énorme des fautes. C'est un renversement étrange qui humilie le chef devant le subordonné... car l'homme qui trompe est au-dessous de l'homme trompé. D'ailleurs le mensonge est un anachronisme : il est bien temps, ce me semble, de mettre la sincérité à l'ordre du jour, et de gouverner les hommes sans les tromper ; car la perfection dans un gouvernement, c'est la probité appliquée à la politique. (A l'Agent.) Ah ! diable ! mais n'écrivez pas monsieur, si l'on allait croire en Europe qu'il y a des Russes qui pensent ainsi !

LE GÉNÉRAL, bas, au Prince.

Beaucoup sont morts en Sibérie qui n'en avaient pas tant dit que vous.

LE PRINCE, haut.

Général, vous oubliez que nous sommes en guerre. Si je dis sincèrement mon opinion, cela ne m'empêchera pas de me battre et de me faire tuer à l'occasion, pour mon pays. Or, vous ne l'ignorez pas, on a besoin d'officiers généraux. Qui donc voudrait se reprocher d'en avoir honteusement fait exiler un en ce moment ? (Il regarde fixement l'Agent.) Allons, je crois que l'armée me sauvera de la Sibérie. (L'Agent déclare silencieusement son rapport et s'éloigne ; le Général serre la main du Prince et s'éloigne aussi en souriant. — Musique de contredanse.) Mais je m'oubliais ; voici le signal de la danse, messieurs, mesdames... (Allant à Ivana.) Mademoiselle, voulez-vous me permettre de vous offrir mon bras ?...

Certainement, monseigneur.

Je serai fier d'être le chevalier fidèle de celle qui à son tour n'a pas craint de rester pour moi un fidèle auditeur. (La regardant.) Mais je ne me trompe pas, mademoiselle Ivana...

IVANA.

Oui, monseigneur. (A part.) Il est bien aimable ! Tiens... je vais lui demander cela à lui. (Haut.) Monseigneur !

LE PRINCE.

Mademoiselle !

IVANA.

Je voudrais vous prier de me dire...

LE PRINCE.

Quoi donc ?

IVANA, d'un ton enfantin et riant.

Ah ! ah ! non, je n'ose plus.

LE PRINCE, avec enjouement.

Mais enfin... mademoiselle...

IVANA.

La musique ! voulez-vous me faire danser ?

LE PRINCE, riant.

Mais avec grand plaisir, ma belle enfant.

IVANA.

Eh bien ! Je vous invite.

LE PRINCE.

Vous me confierez votre secret ?

IVANA.

Oui, après la première figure, c'est toujours le moment où d'ordinaire on ne trouve rien à se dire, venez ! venez !

LE PRINCE, à part en souriant.

Quelle étrange personne !... ici la naïveté, (Il désigne Ivana.) et là !... (Il désigne Boriloff qui descend en scène avec son fils) là !... enfin... nous verrons !

IVANA, l'interrompant.

Mais venez donc... nous sommes en retard.

LE PRINCE.

Me voici, mademoiselle, me voici. (Il sort avec Ivana. — La musique continue en sourdine.)

SCÈNE IV.

BORILOFF, PIERRE. Ils descendent vivement en scène.

BORILOFF.

Eh bien ?

PIERRE.

Impossible de la joindre ! Kalouga a perdu son temps. Elle ne quitte pas la prison !

BORILOFF.

La prison ?

PIERRE.

Elle ne s'occupe que du jeune Français détenu pour l'affaire des fusils.

BORILOFF.
Lucien Bernard?
PIERRE.
Lucien Bernard. J'éprouve à prononcer ce nom un mouvement inexprimable de haine. Plaise au ciel que mes pressentiments ne soient pas fondés !
BORILOFF.
Des pressentiments!... de quels pressentiments veux-tu parler?
PIERRE.
De ceux qui m'avertissent le jour, la nuit, à toute heure, que ce jeune homme me sera fatal.
BORILOFF, haussant les épaules.
C'est à n'y rien comprendre. En quoi ce Lucien Bernard, ce Français, peut-il exercer une si terrible influence sur ta destinée? Explique-toi? Serait-ce parce que Louise s'occupe de sa délivrance? mais qu'y a-t-il d'étonnant à cela? Louise est pour lui une compatriote, une amie d'enfance, une sœur! C'est naturel.
PIERRE.
Une sœur! ah! j'en suis sûr, il l'aime autrement que n'aime un frère.
BORILOFF.
Et quand cela serait! que nous importe! oui, que nous importe? Réfléchis donc! Lucien est en prison : condamné ou absous, il s'éloignera forcément d'ici... Condamné, c'est l'exil en Sibérie... puisque cela, peut-être... absous, c'est l'expulsion hors de la Russie, car tu le sais, cette mesure est à peu près générale... Elle le frappera plus sûrement que tout autre.
PIERRE.
Attendez. — Mais alors Louise aussi devra quitter ce pays, elle retournera en France, et moi, je ne pourrai l'y suivre.
BORILOFF.
Voilà ce qui te trompe, Louise est présumée Française à l'heure qu'il est ; à ce titre elle pourrait nous échapper, j'en conviens... mais c'est parce qu'on ignore quels sont ses parents, quels sont ses droits dans notre pays. (bas et se rapprochant de son fils.) Mais lorsque tu lui auras démontré l'impossibilité de réaliser les chimères que tu lui supposes, lorsque seul auprès d'elle, redoublant de soins, d'attention, lui renouvelant sans cesse l'expression de tes sentiments d'amour, tu auras occupé exclusivement ses yeux, sa pensée, son cœur; enfin, lorsque tu seras certain de devenir son époux... (d'une voix qui s'élève graduellement) alors il sera temps de la revendiquer comme étant nôtre... et de la maintenir parmi nous; il sera temps de lui offrir son riche patrimoine, qui par ton mariage ne sortira pas de nos mains; enfin il sera temps de la proclamer ma nièce, ta cousine et l'héritière des comtes de Rozoroff.

SCÈNE V.
Les Mêmes, MARIOL.
MARIOL, qui n'a saisi que la dernière phrase.
Et ce moment-là ne tardera pas à venir, pas vrai, monsieur Boriloff?
BORILOFF.
Encore lui!...
PIERRE, avec colère.
Que veut cet homme?
MARIOL, à Pierre.
Laissez, laissez, monsieur me reconnaît, ça suffit. (A Boriloff.) N'est-ce pas, monsieur, que ça suffit? (bas.) Muselez-le... mais muselez-le donc ! (Pierre menaçant s'est avancé vers Mariol. Boriloff prend son fils par le bras et lui fait signe impérieusement de s'éloigner. Pierre finit par obéir.)
MARIOL, le suivant de loin des yeux.
A la bonne heure ! Allons, allons, plus vite que ça ! Sont-ils peu obéissants, ces enfants !

SCÈNE VI.
BORILOFF, MARIOL.
MARIOL.
Maintenant, que nous voilà seuls, d'abord et avant tout, pardon, excuse de m'être jeté comme ça à la traverse de deux braves gens qui causent honnêtement de leurs petites canailleries d'affaires ; mais je n'ai pas le choix, voyez-vous, je suis un peu gêné dans mes mouvements, je suis même horriblement gêné, et quand j'ai vu l'occase si belle pour vous glisser deux petites paroles en confidence, je me suis dit : Très-bon, voilà ton blot, vas-y, mon bonhomme, vas-y !
BORILOFF.
Où voulez-vous en venir? Surtout soyez bref!
MARIOL.
Oh! vous cherchez à m'intimider. Je veux en venir à vous dire ceci : que je n'ai plus le temps d'attendre les trois jours que je vous avais donnés. Les événements marchent, que dis-je? ils courent, ils galopent, chemin de fer, grande vitesse, je ne peux pas rester en retard pour vous plaire. Vous devez comprendre ça; allons donc à la course, s'il vous plaît, pas à l'heure! C'est donc ce soir, tenez, quand minuit sonnera, devant tous ces gens assemblés, que vous, barine Boriloff, ici présent, l'air très-vexé, ce qui m'est bien égal, vous annoncerez à haute voix les droits et prétentions légitimes de mademoiselle Louise Raymond, née Rozoroff... C'est pas pour vous commander, mais il faut que ce soit comme ça... Il le faut, ça va, et voilà ! (Il va pour sortir. Il rencontre Sautriot tenant un plateau avec des verres pleins. Sans regarder Sautriot.) Des rafraîchissements! ça me va. (Il veut prendre un verre, Sautriot l'arrête.)

SCÈNE VII.
Les Mêmes, SAUTRIOT, L'AGENT.
SAUTRIOT, à Mariol.
Mais non, mais non, c'est une frime pour leur échapper.
MARIOL, bas.
A qui?
SAUTRIOT.
A ceux qui nous cherchent. Fais comme moi ! (Mariol ôte rapidement des mains d'un Laquais qui passe un plateau chargé, et le prend pour se donner une contenance. — En ce moment arrive l'Agent, qui, venant d'un autre côté, prend le milieu. Sautriot et Mariol arrivent chacun de leur côté, en lui offrant un plateau.)
L'AGENT, sans les reconnaître.
Quoi? qu'y a-t-il? (Mariol et Sautriot lèvent en même temps les yeux sur l'Agent et le reconnaissent. Ils poussent un cri et se sauvent. — L'Agent veut courir après eux.)

SCÈNE VIII.
LE PRINCE ALEXIS, suivi d'UN DOMESTIQUE; L'AGENT, en scène; BORILOFF, à l'écart.
Laissez ces hommes, je réponds d'eux. (Au Domestique.) Faites entrer cette jeune fille? (A l'Agent.) J'ai écrit moi-même à son excellence le ministre de grâce pour intercéder en leur faveur ; si (chose possible, et je dirai plus, chose présumable), si ma recommandation est inefficace, vous disposerez d'eux à l'issue de la soirée. Je vous donne ma parole de les représenter à toute réquisition de votre part. (Mariol et Sautriot reviennent en scène.)
MARIOL.
Oh! s'il en est ainsi, nous voilà ! Pincez-nous tout de suite, nous nous rendons !
SAUTRIOT.
Incapables de jouer du jarret si ça doit compromettre monseigneur.
L'AGENT.
Nous attendrons la réponse de Son Excellence.
SAUTRIOT, bas.
Il s'humanise.
MARIOL, bas.
Il faudrait voir! (L'Agent fait signe aux deux Français qu'ils peuvent circuler. Boriloff sort avec l'Agent, dont il a pris le bras comme pour lui parler confidentiellement.)
LE PRINCE, aux deux Français.
Maintenant, mes amis, laissez-moi. (Ils saluent et sortent.)

SCÈNE IX.
ALEXIS, seul, puis LOUISE.
ALEXIS, suivi d'un Laquais à qui il fait un signe.
Est-il bien possible que la condamnation de Lucien Bernard ait été aussi sévère?... Malheureuse jeune fille! que va-t-elle devenir? (Le Laquais, qui sur l'ordre du Prince avait disparu pour aller chercher Louise, la ramène par une porte latérale.)
LOUISE.
Monseigneur!
LE PRINCE.
Qu'y a-t-il donc, au nom du ciel?
LOUISE.
Monseigneur!... il y a que je n'ai plus d'espoir que dans un miracle de Dieu ou dans la miséricorde de l'empereur ; je viens vous supplier de me conduire auprès de Sa Majesté.
LE PRINCE.
Calmez-vous, calmez-vous, Louise ! Il le faut dans votre intérêt même. Que pouvons-nous entreprendre, si vous êtes dans cet état ?
LOUISE.
C'est vrai, oui, c'est vrai... Tenez, me voilà raisonnable... Je ne pleure plus... Suis-je ainsi que vous le voulez?

LE MASQUE DE POIX.

LE PRINCE.
Pauvre enfant! Voyons, qu'est-il arrivé?

LOUISE.
Le jugement est rendu.

LE PRINCE.
Je l'ignorais.

LOUISE.
C'est que la justice, ici, a des allures sombres et mystérieuses! Je les connais bien, maintenant... Il y avait d'autres accusés, des malheureux, des Français aussi, qu'avaient-ils fait?... Je ne sais... Plusieurs ont été condamnés à l'exil, aux mines... d'autres...

LE PRINCE.
A la peine de mort.

LOUISE.
A mort... Oui.

LE PRINCE.
Grand Dieu!

LOUISE.
Rassurez-vous! Lucien n'est pas de ceux-là... Lorsque le juge a prononcé contre lui l'exil et non la mort, ça a été une grande joie pour moi, la première joie que j'ai éprouvée depuis quinze grands jours! La Sibérie, les mines, on peut en revenir; mais la pierre du tombeau une fois fermée ne se soulève plus.

LE PRINCE.
Allons! Dieu soit loué! il nous reste encore une espérance. Je vais écrire au grand maréchal du palais, c'est un ami intime. Ce moyen réussira peut-être.

LOUISE.
Que de peine je vous donne, monseigneur, et combien ma reconnaissance...

LE PRINCE.
Ne parlons point de cela, ou plutôt, tenez, Louise, il importe de profiter de cette occasion où nous sommes seuls, occasion qui ne se renouvellera plus, pour vous ouvrir mon cœur... Ne craignez rien... c'est un ami qui vous parle... Je ne puis, je ne veux être pour vous qu'un ami... Sans doute, en vous voyant si jeune, si jolie, j'ai été séduit par tout ce qu'il y a en vous de grâces ingénues et charmantes... Sans doute, je rêvais autre chose que de l'amitié, mais votre amour pour Lucien, votre sincérité, votre candeur, tout m'a ému, touché; j'ai étouffé dans mon cœur des sentiments plus vifs et plus tendres... Louise, je les ai étouffés; la lutte a été cruelle, mais non impossible, et la preuve, c'est que je vous tends bien franchement, bien loyalement la main que voici, mettez-y la vôtre avec confiance, Louise... Car, je vous le répète, c'est bien véritablement la main d'un ami. (Il va s'asseoir pour écrire.)

LOUISE.
Ah! monseigneur!... vous ne savez pas... un moment j'ai cru que nous parviendrions à faire évader Lucien.

LE PRINCE.
Le faire évader?

LOUISE.
Avec l'aide d'Oulita. Lucien est mince, délicat, assez jeune pour qu'on pût songer à l'habiller en femme sans attirer les regards.

LE PRINCE.
Eh bien?

LOUISE.
Oulita avait tout disposé... les vêtements, l'heure, le signal... les détours de la prison, les détails de la fuite, elle avait tout expliqué, tout prévu! Hier, un peu avant l'heure convenue, je pénétrai, suivant mon habitude, et grâce à Oulita, dans la prison de Lucien, je m'aperçus qu'Oulita pleurait... Qu'as-tu donc? lui dis-je avec inquiétude... Vous allez le savoir, répond-elle, et elle continue à marcher; au détour d'un corridor, elle m'arrête brusquement devant une affiche récemment posée, et élevant sa lanterne à la hauteur du papier: Lisez, dit-elle!... Je lus tandis qu'Oulita surveillait du regard les profondeurs du corridor désert....

LE PRINCE.
Eh bien?

LOUISE.
C'était un avertissement publié la veille, et menaçant de mort quiconque favoriserait une évasion. J'étais atterrée, je supposais qu'Oulita nous abandonnait; elle devina ma pensée. C'est lui, mademoiselle, qui ne veut plus fuir, me dit-elle à voix basse et d'un ton de reproche; c'est pour ne point exposer ma vie qu'il perd sa liberté, son bonheur! Venez et tâchons de vaincre sa résolution.

LE PRINCE.
Voilà une noble fille!

LOUISE.
N'est-ce pas, monseigneur? vous allez voir que Lucien ne fut pas moins noble! Sacrifier Oulita pour me sauver! s'écria-t-il avec indignation. Oh! c'est impossible! Louise! c'est toi! toi, qui viens me demander cela! J'insistai... c'était mal, c'était bien mal! Mais je n'avais qu'un but, qu'une pensée... sauver Lucien... Rien ne put vaincre sa résolution. Deux femmes à genoux, l'amie suppliante et folle, l'étrangère généreuse et dévouée jusqu'à la mort, tout fut inutile! Le sentiment de l'honneur et du devoir parlait en lui plus haut que l'amour de la liberté, de la vie peut-être, plus haut que notre amour.

LE PRINCE.
Louise, demeurez, je reviens. Cette lettre au maréchal du palais sollicite une audience de sa majesté... Je ne suis pas en faveur, mais c'est peut-être pour cela que je réussirai... Les souverains ont parfois autant de coquetterie que vous, mesdames. A bientôt, Louise, à bientôt!

SCÈNE X.
LOUISE, PIERRE.

PIERRE.
Mademoiselle...

LOUISE.
Monsieur! (A part.) Monsieur Pierre Boriloff.

PIERRE.
N'ayez aucune crainte, mademoiselle Louise, je connais vos peines et j'y compatis aussi : je suis pour vous un ami ! à ce titre... permettez-moi de vous adresser une question.

LOUISE.
Parlez, monsieur.

PIERRE.
Si Sa Majesté, dans cette audience que l'on sollicite pour vous, et que je suppose obtenue... si Sa Majesté vient à refuser la grâce de monsieur Lucien Bernard, que ferez-vous?

LOUISE.
Monsieur...

PIERRE.
Il sera exilé pour la vie... le savez-vous?

LOUISE.
Je le sais.

PIERRE.
Par delà Tobolsk, à huit cents lieues.

LOUISE.
Je le sais.

PIERRE.
Savez-vous encore, mademoiselle, que si le czar repousse vos prières, monsieur Lucien n'a plus de nom, car le nom du condamné aux mines s'efface et est remplacé par un numéro?

LOUISE.
Oui, c'est ainsi.

PIERRE.
Que son argent, s'il en a, est pris et confisqué?

LOUISE.
Pris et confisqué, oui.

PIERRE, de plus en plus animé.
Que sa position est à tout jamais perdue et qu'enfin... n'ayant plus de position... plus de fortune, plus de nom, il ne lui reste rien, absolument rien?

LOUISE, avec dignité.
Il lui reste son cœur... il lui reste le mien. Monsieur Boriloff, combien me faudrait-il de temps pour aller à Tobolsk?

PIERRE, à part.
Oh! je souffrirais trop! elle n'ira pas!

SCÈNE XI.
LES MÊMES, LE PRINCE, puis DES OFFICIERS, parmi lesquels sont de JEUNES FASHIONABLES; puis DES INVALIDES et DES FRANÇAIS.

LE PRINCE, en remontant au fond et après avoir fait un signe d'encouragement à Louise.
Venez, messieurs!... vous, messieurs les Français... de ce côté. (Les Français descendent à droite. Mariol et Santriot paraissent.)

MARIOL, à part.
Des Français! nous en sommes! nous voilà en famille!... (Ils se mêlent aux Français et échangent des poignées de main.)

LE PRINCE.
Vous, messieurs de la députation du corps des Invalides, là... Quant à vous, messieurs les officiers, au milieu, à côté de moi. (A la réunion.) Soyez tous les bienvenus, malgré l'heure et la circonstance... Allons! ...nts : qui sait en effet si

les événements qui se préparent nous permettront de nous réunir encore?... Eh bien! de quoi s'agit-il?... Vous désirez, m'a-t-on dit, que je reçoive vos vœux pour les transmettre à Sa Majesté... J'ignore, je l'avoue, à quelle circonstance je dois cet honneur; mais si vous comptez sur l'efficacité de ma recommandation et sur ma faveur à la cour, j'ai grand'peur que vos espérances ne soient déçues, messieurs... Enfin, parlez, expliquez-vous.

KARAMSINE.

Prince, nous n'avons pas l'honneur de faire partie du corps des officiers; mais comme étant leurs amis, leurs futurs collègues...

MARIOL, à part.

Des collègues d'estam...

KARAMSINE.

Ils nous ont priés, ces messieurs et moi... de nous joindre à eux et de porter la parole en leur nom... Ce ne sont pas des vœux que nous avons à soumettre à Sa Majesté, ce sont des réclamations. D'ailleurs, nous sommes tous ici pour le même motif, je suppose... Or, d'une part, cela étant bien posé, et puis, d'autre part, enhardis par la franchise et l'indépendance bien connues de votre caractère, nous venons vous prier, prince, nous, officiers ou futurs officiers, de vouloir bien, avec la même franchise et la même indépendance, être notre interprète auprès de Sa Majesté le czar.

MARIOL, à part.

Peuh! fadariskoff!

LE PRINCE, souriant.

Mais avant d'accepter d'être votre mandataire, voyons d'abord le mandat.

KARAMSINE.

C'est trop juste, prince. Eh bien, chacun d'eux... (désignant les officiers) a reçu l'ordre de rejoindre l'armée dans les principautés. Cet ordre a été accueilli avec joie, avec bonheur... mais le départ impose des charges, des dépenses auxquelles ils ne pourraient suffire, et ils viennent, avec confiance, vous prier de solliciter en leur faveur...

LE PRINCE.

Une augmentation de solde?

KARAMSINE.

Oui, monseigneur, c'est cela même.

MARIOL, à part.

De l'argent pour se battre... Chez nous, on se contente de plomb.

LE PRINCE, aux Français.

Et vous, messieurs les Français?

UN FRANÇAIS.

Monseigneur, un certain nombre d'entre nous reçoivent des subsides de votre gouvernement. L'état actuel des choses leur impose un devoir sacré. À dater d'aujourd'hui, chacun d'eux renonce au subside qui lui était alloué. Nos amis nous ont chargés de vous faire connaître cette détermination, et ils ont ajouté que, soit qu'ils séjournent, soit qu'ils s'éloignent de Saint-Pétersbourg, ils garderont au fond du cœur le souvenir des bontés et de la haute bienveillance de Sa Majesté le czar. Ils sont convaincus d'ailleurs que leur langage n'étonnera personne; la reconnaissance n'empêche pas le patriotisme, et la France ne pardonnerait point à ses enfants de se montrer ingrats.

MARIOL, à part.

Je n'aurais pas mieux dit, moi qui m'en pique.

LE PRINCE, aux Invalides.

Et vous, mes braves?

UN INVALIDE.

Nous nous sommes toujours battus, Votre Excellence, et au moment de la guerre, nous avons dû nous demander ce que nous pourrions faire pour servir le pays. Un instant, nous avons eu l'idée de demander du service; mais impotents, éclopés comme nous le sommes, nous nous serions un embarras! voilà tout! N'étant plus bons à rien, nous ne voulons pas de moins rester une charge pour le trésor. Que l'empereur, notre maître, emploie à équiper des soldats valides les sommes que nous lui coûtons. Quelques-uns d'entre nous ont une famille, cette famille les nourrira; les autres s'adresseront, s'il le faut, à la charité publique, et il n'est pas une maison à Saint-Pétersbourg qui ne s'ouvrira pour les recueillir.

LE PRINCE, leur serrant la main.

Merci, mes amis, merci!

MARIOL.

Bravo, les Invalides!... Saperlote! les vieux valent mieux que les jeunes!

LE PRINCE, aux Français.

Messieurs, le czar saura apprécier tout ce que votre conduite a d'honorable. (Aux Officiers.) Quant à vous, je me charge d'autant plus volontiers d'appuyer votre demande, que Sa Majesté pourra disposer en votre faveur et du subside des Français et de la solde des Invalides.

KARAMSINE.

Monseigneur!

LE PRINCE.

En France, messieurs, quand le pays est menacé, celui qui n'a pas de chaussures part en sabots, et c'est la victoire qui l'habille sur les champs de bataille!

MARIOL.

Oui, c'est notre tailleur ordinaire, et nous en aimons la coupe!

KARAMSINE, bas.

Un pareil affront devant ces étrangers!

UN OFFICIER, bas.

Patience! ils nous le payeront.

KARAMSINE.

Prince, douterait-on de la valeur de nos officiers?

LE PRINCE.

Si l'on en doutait, monsieur, où serait donc la gloire de les vaincre? Non, messieurs les officiers, on ne doute point de vous... Quant à moi, je ne vous adresserai point de reproches, je vous dirai seulement ceci (désignant les Invalides) : Voyez ce que font vos pères, ils servent encore la patrie, quand ils ne peuvent plus mourir pour elle. Ils ont fait de grandes choses quand ils étaient jeunes... ils ont vu une époque dont les rayons éblouiront les siècles à venir... ils ont assisté à des batailles de géants. Celles qui se préparent seront terribles aussi. Ce ne seront pas non plus des parades à faire briller l'éclat des uniformes... Que vos soldats vous voient toujours à leur tête, jeunes gens, et, quels que soient vos costumes, ils marcheront vaillamment sur vos pas. Allez, messieurs! (Ils remontent au fond sans quitter la scène; les Français, en passant devant les Invalides, les saluent.)

L'AGENT, regardant le Prince.

Diable d'homme! Je ne sais plus ce que je dois mettre dans mon rapport.

MARIOL.

Parbleu! mettez qu'il fait bien chaud ici, et qu'il y a beaucoup de monde. (Louise s'est approchée pour servir la main du Prince en marque de sympathie; en même temps un Laquais a remis un billet au Prince. Louise, par discrétion, veut s'éloigner.)

LE PRINCE, décachetant le pli.

Louise, c'est la réponse du maréchal... Ah!

LOUISE.

Mon Dieu!

LE PRINCE, lisant.

« Impossible de voir Sa Majesté. Quant aux Français qui ont
» reçu ordre de sortir du territoire russe (et mademoiselle
» Louise, votre protégée et ses amis sont du nombre), ils doivent
» obéir à la lettre du décret, sur-le-champ, sans appel. Telle est
» la volonté irrévocable de Sa Majesté. »

LOUISE, au Prince.

Partir! sans le voir! sans même pouvoir le suivre en exil! Oh! monseigneur! c'est trop! c'est trop!

SCÈNE XII.

LES MÊMES, BORILOFF.

PIERRE, bas à Boriloff.

Vous l'entendez... Elle va partir!... Retenez-la, mon père, à tout prix.

BORILOFF, bas.

Soit! (Haut.) Prince! Messieurs! (Au Prince.) Souffrez, monseigneur, que je profite de la présence de vos invités pour faire devant eux une déclaration publique et solennelle. (Prenant Louise par le bras.) Prince, et vous, messieurs! j'ai l'honneur de vous présenter ma nièce, mademoiselle Louise, fille de défunt noble et honoré comte Michel Rozoroff.

LOUISE.

Qui? moi?

MARIOL.

Ça y est... Louise... J'en lève la main. (A Boriloff.) À la bonne heure, vieux!

BORILOFF, à Ivana.

Ivana, embrassez votre cousine.

IVANA.

Oh! je veux bien.

BORILOFF, à Pierre.

Vous, Pierre, offrez votre bras à mademoiselle Louise, et aidez-moi désormais à lui assurer dans notre maison et parmi nos amis la place et les honneurs qui lui sont dus.

LOUISE, avec effroi, à part.
Dans sa maison!

LE PRINCE, s'approchant, à mi-voix.
Vous hésitez, Louise?

LOUISE, de même.
Oh! non... Car avec ce titre nouveau qu'il me donne, j'ai le droit de rester en Russie... Que dis-je? j'aurai aussi le droit de suivre mon fiancé, mon époux partout où il ira, même en exil.

PIERRE, à part.
Son épouse!... Jamais!... Plutôt la mort!

KARAMSINE, bas à Mariol et aux Français.
Nous espérons bien vous retrouver!

MARIOL.
Une affaire d'honneur! voilà... faites-vous servir!... Sautriot, entends-tu?... On nous offre une contredanse..... une vraie... Balancez le petit, monsieur... Là... Une... deux... en avant!... Quelle chance! (Sortie. — Le Prince est allé se placer à un angle du théâtre et reçoit en les rendant les saluts de ceux qui passent.)

LE PRINCE, voyant venir les invalides.
Honneur aux vétérans!.. (Aux Français.) Messieurs, vous vous connaissez en courage, répétez donc avec moi: Honneur aux braves!

LES FRANÇAIS.
Honneur aux braves!

CINQUIÈME TABLEAU.
Le cachot de Lucien.

SCÈNE PREMIÈRE.

LE GÉNÉRAL, du tableau précédent ; M. MILLER, DEUX SOLDATS

LE GÉNÉRAL.
Vos renseignements étaient exacts, monsieur le maître de police Miller. Nous avons pu suivre de point en point les plans des conjurés.

MILLER.
Nos vœux, nos pensées, nos efforts ont pour but unique le service de Sa Majesté.

LE GÉNÉRAL.
Ainsi, c'est dans ce cachot, et la nuit prochaine, que ces misérables se sont donné rendez-vous!

MILLER.
Ils comptent profiter de la présente période des saints jours de Pâques pour mener à bonne fin leurs projets coupables... A cette époque il s'introduit toujours, et bien malgré nous, une sorte de relâchement dans la discipline.

LE GÉNÉRAL.
Je sais cela, monsieur Miller... Ce cachot est celui de Lucien Bernard?

MILLER.
Oui, général.

LE GÉNÉRAL.
Est-il vrai, ainsi que vos rapports tendraient à le faire croire, que ce jeune homme trempe aussi dans ce complot?

MILLER.
Je ne saurais l'affirmer positivement, général ; mais j'avoue que je suis porté à admettre sa participation. En effet, comment supposer qu'on ait pu pratiquer une galerie souterraine aboutissant à ce cachot sans que ce jeune homme en ait eu connaissance? Ce travail a duré plus de six mois! et pendant six mois il n'aurait rien su... rien entendu... C'est inadmissible... Or, s'il a entendu ou s'il a appris quelque chose, pourquoi n'a-t-il pas fait part immédiatement de ses découvertes aux soldats préposés à sa garde? S'il ne l'a pas fait, c'est qu'il avait de mauvaises intentions... c'est que...

LE GÉNÉRAL, l'interrompant.
Eh! non, monsieur Miller; c'est qu'il est Français, et que dans son pays il y a moins d'espions et de délateurs que dans le nôtre. Voilà tout. Au surplus, nous saurons bientôt à quoi nous en tenir. Où est ce jeune homme?

MILLER.
Sur la plate-forme, où on a été forcé de le conduire pour lui faire respirer un air plus pur.

LE GÉNÉRAL.
Il est donc malade?

MILLER.
Oh! ce ne sera rien... un malaise passager... D'ailleurs, il va quitter cette prison... il partira pour l'exil aussitôt après la visite du colonel médecin inspecteur.

LE GÉNÉRAL.
Le vieux docteur Kroupof.

MILLER.
Lui-même.

LE GÉNÉRAL.
Un original?

MILLER.
Votre Excellence le connaît bien, à ce que je vois.

LE GÉNÉRAL.
Oh! il y a longtemps que je l'ai rencontré. Je vous laisse, monsieur Miller, et je vais rendre compte à celui qui m'envoie de ce que j'ai vu et entendu. Je ne doute point, monsieur le maître de police, qu'on ne soit fort satisfait de votre zèle et de votre vigilance. A bientôt, à bientôt. (Le Général sort avec les deux Soldats. M. Miller sort d'un autre côté. — Oulita entre en scène en soutenant Lucien Bernard, qui paraît affaibli et souffrant. Bestucheff le suit.)

BESTUCHEFF, au fond à un Sous-Officier.
Tu désigneras un planton pour accompagner le médecin inspecteur pendant la visite... Tu entends? Va!... (Le Sous-Officier s'incline et s'éloigne.)

SCÈNE II.
OULITA, LUCIEN, BESTUCHEFF, au fond.

LUCIEN, à Oulita.
Combien je vous suis reconnaissant de vos soins! Ah! il ne faut rien moins que votre inépuisable charité pour me faire supporter l'horreur de ma position... la brutalité de cet homme qui ne s'humanise qu'un peu en votre présence... Ah! que serais-je devenu sans vous?

OULITA.
Calmez-vous! ne vous fatiguez point; vous êtes bien faible encore.

LUCIEN.
Vous l'avouerai-je, Oulita? ce ne sont point mes peines à moi qui me font le plus souffrir en ce moment.. ce qui vient de me déchirer le cœur, c'est la vue de tous ces malheureux que j'ai aperçus, entassés dans la cour située au-dessous de ce donjon, et attendant, comme moi, l'heure du départ pour la Sibérie. Parmi les prisonniers, il y avait des femmes. Plusieurs d'entre elles ont été frappées sous mes yeux!... Frapper des femmes!

BESTUCHEFF, s'avançant.
Eh bien!... après?

LUCIEN.
Quelle lâcheté!

BESTUCHEFF, maîtrisant sa colère.
Tenez, rendez grâce à la présence de la femme de Joë... sans cela...

OULITA, allant à Bestucheff et désignant Lucien.
Mon Dieu! vous le détestez donc bien!

BESTUCHEFF.
Si je le déteste, lui et ses camarades! N'est-ce pas à eux que je dois d'être condamné à porter toute ma vie cette casaque de soldat, qui est notre linceul à nous autres malheureux? N'est-ce pas à eux que je dois d'avoir été désigné pour faire partie de l'avant-garde de l'armée du Danube, où sans doute j'aurais été tué si une puissante protection ne m'avait attaché au service des prisons?... Ce n'est pas la mort, c'est vrai, mais aussi ce n'est pas la liberté, loin de là! Voilà pourquoi je le déteste lui et ses amis. (Bruit au dehors.)

LUCIEN, à Oulita.
Tenez, encore! les entendez-vous?

OULITA.
Ce n'est pas ce que vous croyez... Il se passe quelque chose d'extraordinaire... Je vais voir et je reviens. (A Bestucheff.) Vous me permettez de revenir, n'est-ce pas?

BESTUCHEFF.
Vous abusez de ma complaisance, de ma faiblesse.

LUCIEN, à Oulita.
Soyez prudente, au moins...

OULITA.
Oh! n'ayez point d'inquiétude... je vous répète qu'il n'y a nul danger (A Bestucheff.) Merci! (A Lucien.) Je reviens. (Oulita sort. Bestucheff la suit.)

SCÈNE III.
LUCIEN, un moment seul.
Louise! ma Louise! ne plus te revoir!... être en butte désormais aux cruautés de ces misérables! Hier encore, n'ai-je pas vu du haut de l'esplanade un homme attaché à un poteau au milieu de la cour? Ses épaules nues n'étaient qu'une large plaie bleuâtre! mais ce n'était point le knout qui l'avait frappé! Le

knout est aboli! il est remplacé par le plète! Le plète, il est vrai, agit à la façon du knout, il déchire les chairs, il les laboure en sillons profonds; il n'en fait qu'une plaie horrible; enfin, il tue; mais ce n'est pas tout à fait de la même manière, et les bourreaux qui ont assassiné leur victime peuvent s'écrier en la voyant à leurs pieds, défigurée et sans vie: Nous sommes humains... et miséricordieux... nous avons aboli le knout!

SCÈNE IV.
LUCIEN, OULITA.

LUCIEN.
Que se passe-t-il?

OULITA.
Si la sombre expression de votre visage ne m'ôtait l'espoir d'appeler le sourire sur vos lèvres, j'essayerais de vous égayer par le récit de l'incident le plus fantasque, le plus incroyable...

LUCIEN.
Ce n'est point la faute du prisonnier si la solitude aigrit sa pensée, assombrit son caractère... Mais parlez, ne craignez point de faire trêve à mes soucis... Une joie, c'est un ami... et j'ai tant besoin d'amis!

OULITA.
Il s'agit d'une nouvelle bizarrerie du docteur Kroupoff.

LUCIEN.
Le docteur...

OULITA.
Le docteur Kroupoff; un vieux maniaque qui est le médecin de cette maison, où il ne vient, d'ailleurs, que quand il ne peut faire autrement. Il en résulte que je ne le connais pas, et que je l'ai vu tout à l'heure pour la première fois.

LUCIEN.
Eh bien?

OULITA.
Eh bien! cet original ne vient-il pas de s'aviser de faire appeler tout le personnel de la prison, jusqu'au dernier employé, y compris le poste de garde?...

LUCIEN.
Dans quel but?

OULITA.
Vous allez voir... Il les a fait placer sur deux rangs, et suivi de son domestique, un autre original, vêtu d'une livrée extravagante, il a commencé une visite minutieuse..... A chaque homme qu'il examinait, il hochait la tête d'un air mécontent, et son inspection finie, il s'est écrié, avec sa petite voix flûtée, que tout le personnel était malade, très-gravement malade, que l'air de cette prison était funeste, et il a distribué, à tort, à travers, une foule de fioles, de pilules et de médicaments que son laquais avait apportés dans une grande boîte.

LUCIEN.
Et on a obéi à ce singulier docteur?

OULITA.
Il le fallait bien; il a grade de colonel, et comme le commandant de cette prison n'est que capitaine, l'obéissance passive est de rigueur. Si vous aviez vu les drôles de mines qu'avaient ces soldats... C'était à mourir de rire. — Moi, d'abord, je n'ai pu rester de sang-froid. — Le docteur s'est mis à me regarder de travers. Je me suis sauvée... je cours encore... Bien sûr, c'est une vengeance; il a quelque vieille rancune contre nos gens.

LUCIEN.
Que dit-elle?..... Ah! quel trait de lumière!..... Si c'était.....
(Bruit au dehors.)

OULITA.
Ah! mon Dieu!... Mais, je l'entends... Oui, c'est lui... Voyez dans quel état il a mis ce pauvre soldat qui l'accompagne..... Ah! ah! s'il me retrouve ici en train de rire, je suis perdue..... Je me sauve... Adieu! (A Lucien) Surtout, méfiez-vous des ordonnances du docteur Kroupoff. (Elle sort en courant.)

SCÈNE V.
LUCIEN, MARIOL, sous le costume du docteur Kroupoff; SAUTRIOT, en grande livrée, soutient Mariol. — Sautriot a sous le bras un panier garni de fioles; puis KACIANE et BESTUCHEFF.

MARIOL.
Les autres médecins sont des ânes... Choubinski, où est-il ce jeune prisonnier, que je le voie?

SAUTRIOT, entrant.
Docteur...

MARIOL.
Ils disent toujours: il n'y a rien, il n'y a rien... Moi, je dis qu'il y a quelque chose. Il faut savoir prévenir le mal. On ne sait pas le prévenir, et voilà pourquoi on succombe. — Moi, j'ai une autre méthode: Un homme vient, je l'examine; je dis: Il est malade. — Un autre dirait: Il n'est pas malade.. Moi, je soutiens qu'il est malade... et je lui donne de ma poudre, et presto, comme disent les Italiens... il est guéri.

LUCIEN, le reconnaissant; bas.
Mariol!

MARIOL, bas.
Tais-toi! (Appelant Sautriot.) Choubinski!

SAUTRIOT.
Docteur!

MARIOL.
Approche un siége. (A Lucien.) Vous aussi, vous, jeune homme, venez près de moi, plus près... Donnez-moi votre main.

LUCIEN.
Avec plaisir.

MARIOL, haut.
Choubinski!

SAUTRIOT.
Docteur!

MARIOL.
Soutiens le malade de l'autre côté.

SAUTRIOT.
Voilà, docteur! (Les trois amis se donnent la main.)

MARIOL, bas, de sa voix naturelle.
Saperlotte!... ça fait du bien de se sentir main contre main, cœur contre cœur.

BESTUCHEFF, au fond, bas à Kaciane.
Souviens-toi de ta consigne... et ne le perds pas de vue. (Il sort.)

LUCIEN, bas, à Mariol.
Comment, c'est toi?... Explique-moi comment tu es parvenu?

MARIOL, bas.
Plus tard, le temps presse... Je suis venu pour changer de costume avec toi... Tu vas sortir de prison.

LUCIEN, bas.
Et toi?

MARIOL, bas.
Moi, je resterai à ta place.

LUCIEN.
Jamais!

SAUTRIOT, bas.
Quel entêté! Lucien!...

LUCIEN, avec indignation et s'éloignant.
Jamais, vous dis-je!

MARIOL, reprenant sa voix de docteur.
Malade, voulez-vous bien rester tranquille... Si vous bougez, je vais requérir l'assistance du gardien.

LUCIEN.
Que dis-tu?

MARIOL, bas.
Sois tranquille... il n'est pas dangereux... Je lui ai servi une drogue... de cosaque... Regarde!... (On voit Kaciane se tordre de douleur.)

SAUTRIOT, bas à Lucien.
Tu as repoussé le salut que la femme du gardien t'a offert au péril de sa vie... Mais tu ne refuseras pas une heure de liberté pour dire un dernier adieu à Louise.

MARIOL, bas, à Lucien.
A Louise, qui mourra de chagrin si elle ne te revoit pas.

LUCIEN, bas.
Mon Dieu!... la serrer une dernière fois contre mon cœur!... Ah! ce serait une consolation pour chacun de mes jours d'exil... Mais te sacrifier... Vous perdre tous les deux, peut-être...

MARIOL, bas.
Accepte... ou bien nous auras perdus tout de même... Si tu refuses, nous allons nous dénoncer.

LUCIEN, bas.
Malheureux!... Mais tu me jures...

SAUTRIOT, bas.
Une heure, rien de plus.

MARIOL, défaisant son costume; bas, à Lucien.
Prends ce vêtement.

LUCIEN, désignant Kaciane.
Mais il va nous voir...

MARIOL, bas.
Il pense bien à cela !... Tiens !

LUCIEN, regardant Kaciane.
On dirait qu'il se trouve mal.

SAUTRIOT.
Le fait est qu'à sa place je ne me trouverais pas bien.

MARIOL.
Rassure-toi... Ce n'est pas dangereux... Je réponds de lui.
(Bestuchef paraît. Kaciane se redresse avec énergie, mais le changement a eu lieu.)

LUCIEN, en costume de médecin, fait signe à Sautriot de le suivre.

BESTUCHEFF, à part, les accompagnant avec Kaciane.
Monsieur le docteur Kroupoff, je ne vous perds pas de vue.

SCÈNE VI.

MARIOL, seul, riant.

Ah ! ah ! ah ! les voilà partis !... Enfoncé le Bestucheff. Sapristi ! sapristi ! Lucien a-t-il fait des façons pour respirer un peu l'air pur du bon Dieu ! Enfin, nous en voilà venus à bout ! Pauvre Louise, va-t-elle être heureuse de revoir son Lucien !... Oui, mais les adieux ! Ah ! dam ! ce sera dur à arracher. Encore si elle pouvait lui persuader de ne pas revenir ici ! mais, bah ! des têtes folles ! Il reviendra, allez, tout exprès pour se faire tuer au lieu de s'enfuir avec elle, au lieu d'être aimé, d'être heureux !... Heureux, pauvres enfants ! Je les calomnie. Pourraient-ils être heureux en sachant que je suis captif, exilé, et peut-être pis, à la place de Lucien ?... Allons, il ne s'agit pas de s'attrister... il faut prendre le temps comme il vient et les cachots comme on les fait en Russie. (s'asseyant.) Ils ne sont pas beaux, les cachots russes... Comme on doit s'ennuyer là-dedans ! Je crois que voilà le moment d'en griller une. (Une trappe se soulève. Quatre hommes paraissent. Mariol entendant le bruit, dit sans se retourner :) Entrez !... Après ça, vous me direz que dans aucun pays ils ne sont aimables, les cachots ! Enfin ! (Même jeu de scène. Un homme paraît encore.) Entrez ! Que je suis bête ! (Se retournant.) Tiens ! d'où sortent-ils donc ceux-là ?

SCÈNE VII.

MARIOL, CINQ PRISONNIERS, DONT UN CHEF DE CONJURÉS.

LE CHEF, mettant avec force sa main sur la bouche de Mariol.
Si tu dis un mot, tu es mort !

MARIOL, se débattant.
Eh !... vous... ou... ou... vous m'étouffez... Eh ! dites donc, là-bas, c'est des bêtises, ça... c'est pas de jeu.

LE CHEF.
Tais-toi ! tais-toi !

MARIOL.
On se tait... Puisqu'on vous dit qu'on vous dit qu'on se tait ! mais laissez-moi... Un, deux, trois, quatre, cinq... Bonjour, messieurs ! (Voyant un sixième conjuré apparaître.) Un sixième ! Ils sont tous sortis de là-dessous !... Des trappes, des cachots des trous de souris ! Oh ! nous allons rire. Contez-moi ça, hein ? D'abord, faites-moi le plaisir de me dire qui vous êtes ?

LE CHEF, à un Conjuré en faction à la porte.
Eh bien !

LE CONJURÉ, qui a écouté.
Personne !

LE CHEF.
Alors, on peut travailler et causer tout à la fois. (Sur un signe du Chef, on tire une échelle de cordes du dessous, puis on scie les barreaux de la fenêtre.)

MARIOL.
Quelle chance ! Causons ! Dam, si je vous rencontrais sur le boulevart à Paris, bien sûr que je ne vous donnerais pas la préférence pour boire la petite goutte de l'amitié... Mais ici, on est moins difficile, et puis à la campagne... Nous disons donc...

LE CHEF.
Point de paroles inutiles. Nous connais-tu ?

MARIOL.
Non... non... pas précisément. J'ignorais même que vous dussiez me faire visite aujourd'hui en soulevant, en guise de portière, le carreau de l'établissement... Ah ça ! vous ne deviez pas être à votre aise là-dessous, hein ?

LE CHEF.
Tu veux nous donner le change ; mais notre franchise provoquera la tienne.

MARIOL.
Je ne demande pas mieux.

LE CHEF.
Si tu ne nous connais pas, nous te connaissons, nous.

MARIOL.
Vous me connaissez... C'est possible... Allez toujours.

LE CHEF.
Tu es Français, tu te nommes Lucien Bernard, et tu veux...

MARIOL.
Je me nomme... Bon, bon ! (A part.) Compris, le quiproquo... (Haut.) Et je veux...

LE CHEF.
Tu veux... Qu'il te suffise de savoir que nous nous entendons sur le but.

MARIOL.
Ah ! vous croyez que nous nous entendons sur le...

LE CHEF.
Oui.

TOUS, à voix basse.
Oui.

MARIOL, les imitant.
Oui ! Alors n'en parlons plus.

LE CHEF.
Au contraire, nous en reparlerons tout à l'heure. (Allant à un Conjuré.) Eh bien ?

MARIOL.
Comme vous voudrez ; ça ne me dérange pas... je dirai plus... ça me botte... Mais, cependant, une petite explication ne me paraîtrait nullement inutile et superflue.

LE CHEF.
Nous ne te voulons pas de mal... nous sommes des prisonniers comme toi... nous avons concerté des plans d'évasion ; depuis longtemps ce cachot est notre point de mire. Cette fenêtre était la seule propice à notre tentative. Pendant six mois, nous avons travaillé à nous frayer à travers l'épaisseur des murs un passage secret pour arriver jusqu'ici... six autres mois ont été employés à tisser, brin à brin, notre échelle de cordes. C'est la nuit dernière que notre travail a été terminé. Quant au moment de mettre nos projets à exécution, il est enfin venu ; car voici les barreaux sciés et l'échelle de corde suspendue... A l'œuvre donc, amis ! c'est l'heure solennelle de la liberté !... Allons !...

UN CONJURÉ.
A notre chef d'abord. (On entend le tambour.)

LE CHEF, à Mariol.
Ce n'est rien ! Tu peux fuir avec nous... Profite, si tu veux, de cette bonne aubaine.

MARIOL, à part.
Ah ! si Lucien était ici !... Voilà ! on croit bien faire, et puis on rate l'occasion ! Cré coquin ! quel guignon !

LE CHEF, se ravisant et revenant vers Mariol.
Mes camarades veulent que je mette une condition à ta fuite avec nous.

MARIOL.
Une condition ? Parlez vite !

LE CHEF.
Ils veulent que tu sois des nôtres.

MARIOL.
Des vôtres... j'en suis, pardine !... Filons !

LE CHEF.
Un instant. Ainsi, tu jures de t'engager avec nous dans le projet désespéré que nous allons tenter en sortant d'ici.

MARIOL.
Quel engagement ? quel projet ? (A part.) Je commence à me méfier de ces gaillard-là, moi.

LE CHEF.
Nous sommes condamnés pour avoir essayé de délivrer la Russie... si nous aspirons à la liberté, c'est pour tâcher d'être plus heureux. Fais donc serment que tu nous seconderas.

MARIOL.
Moi... que... je...

TOUS.
Jure !

MARIOL.
Ah çà ! tas de gueux que vous êtes ! vous me prenez donc pour un assassin comme vous ! (Mouvement des Conjurés.)

LE CHEF.
Tu as notre secret ; mais tu ne sortiras pas d'ici vivant ! et nous n'en accomplirons pas moins nos projets... (Tirant un poignard, à ses camarades.) Je me charge de lui... Vous, commencez à des-

cendre par l'échelle de cordes. (Au moment où ils vont escalader la fenêtre, Lucien y paraît. Il a vivement saisi l'échelle de cordes.)

LUCIEN.

Misérables !... vous ne descendrez pas ! (Il jette dans l'espace l'échelle de cordes.) Ah ! vous pouvez nous tuer ; mais, du moins, vous ne tuerez que nous !... car j'ai jeté votre échelle dans l'abîme.

MARIOL.

Bravo, Lucien !... Mais comment se fait-il ?...

LUCIEN.

Bestucheff m'a reconnu. J'ai pris la fuite, et, pensant à toi, je suis revenu en toute hâte vers la prison. Une échelle de cordes flottait le long du mur ! Je m'en suis saisi, et me voilà.

LE CHEF.

Eh bien ! notre échelle de cordes ?

UN CONJURÉ.

Perdue...

MARIOL.

Eh bien ! mon bon Lucien, serrons-nous la main pour la dernière fois... Vois-tu, ces gens-là vont nous tuer. Ils ouvrent leurs caftans... je sais ce que ça veut dire... baisse-toi... ils veulent nous étouffer. (Les Conjurés se précipitent sur Mariol et Lucien. Les portes s'ouvrent. Des soldats se jettent sur les meurtriers et les terrassent.)

SCÈNE VIII.

LES MÊMES, MILLER, UN GÉNÉRAL, enveloppé d'un grand manteau.

LE GÉNÉRAL.

J'ai tout entendu !... Nous connaissions vos plans et vos projets... Sa Majesté le czar peut pardonner à la rébellion courageuse et noble ; à la trahison basse et rampante, à l'assassinat... jamais ! Français, vous êtes libres ! (Aux autres.) N'embrassez pas mes genoux, vils coquins !... Qu'on les emmène, allez !

LUCIEN, bas, à Mariol.

Qui donc est cet homme ?

MARIOL.

Un monsieur qui nous veut du bien !

ACTE IV.

SIXIÈME TABLEAU.

La chambre de Louise chez Boriloff ; le soir.

SCÈNE PREMIÈRE.

BORILOFF, PIERRE, amenant durement en scène LE MENDIANT MUET, KALOUGA, dans le fond, une lanterne à la main.

PIERRE.

Allons, allons... drôle !

BORILOFF.

Viens ici, et réponds.

PIERRE.

Que faisais-tu devant notre maison ? Étais-tu là pour espionner ?

LE MUET fait signe que non.

BORILOFF.

Ou pour voler.

PIERRE.

Mais parle, parle donc... Ah ! malgré ton silence obstiné, nous saurons bien...

Dénégations du MUET.

BORILOFF.

Laisse-le, Pierre, fais le conduire au Starosh... on lui appliquera la garrotte... Il faudra bien qu'il réponde.

LE MENDIANT indique qu'il ne peut parler.

PIERRE.

Que veut-il exprimer par ses signes ?

BORILOFF.

Des signes ?

PIERRE.

Il paraît repousser avec indignation le reproche d'espionnage... et de vol.

BORILOFF.

Ah ! approche... encore... Pierre, donne-moi la lumière... Ces traits... ce regard... serait-ce possible ?

PIERRE.

Qu'y a-t-il, mon père ?

BORILOFF.

Cet homme !... ce... mais oui... c'est lui... ce doit être lui...

PIERRE.

De qui voulez-vous parler ?

BORILOFF.

Tu n'es pas muet de naissance ?

LE MENDIANT fait signe que non.

BORILOFF.

Serais-tu Michel Lambert ? (Dénégation.) Non ?... j'éclaircirai cela... Kalouga, conduis cet homme dans la salle basse... aie soin de lui... il couchera ici cette nuit, et demain matin, nous verrons. (A part.) Il faut que je sache comment Michel Lambert a quitté la Sibérie et dans quel but ou l'a trouvé ce soir espionnant ma maison ; nous verrons. (Bas, à Kalouga.) Qu'on veille sur lui... Toi, Kalouga, sois prêt... ce soir j'aurai besoin de tes services. (Kalouga sort emmenant le Muet.)

SCÈNE II.

PIERRE, BORILOFF.

PIERRE.

Ainsi, mon père, vous supposez que cet homme a de mauvaises intentions ?

BORILOFF.

Peut-être.... mais ma défiance est éveillée... sois tranquille, les difficultés, quelles qu'elles soient me trouveront résolu. Je ne me laisserai pas dépouiller... Oh ! non ! on ne me réduira pas à la misère ; d'ailleurs, tu le sais, la ruine, ce ne serait pas seulement pour nous la privation de ce luxe auquel nous sommes habitués... ce serait la déchéance, ce serait le déshonneur... après avoir excité leur envie à tous, devenir un objet universel de raillerie et de commisération humiliante... jamais, à aucun prix !

PIERRE.

Quel est donc votre projet, alors ?... Car enfin, reconnaître cette jeune fille comme l'unique héritière des biens immenses de la famille Rozoroff... c'était vous condamner à une restitution qui ne vous laisse maintenant que la pauvreté.

BORILOFF.

Écoute et comprends mieux mon plan... Tu aimes toujours cette jeune fille, n'est-ce pas ?

PIERRE.

Plus que jamais, mon père.

BORILOFF.

Tu deviendrais son époux avec joie ?

PIERRE.

Ah ! mon père !

BORILOFF.

Eh bien ! ce mariage se fera, je l'ai décidé... il concilie tout... tu seras heureux, car tu épouseras celle que tu aimes, et mes vues à moi seront doublement remplies, puisqu'en faisant le bonheur de mon fils, je maintiendrai dans notre famille la fortune des Rozoroff...

PIERRE.

Mon père, ce mariage ne se fera pas.

BORILOFF.

Il ne se fera pas ?... et pourquoi ?

PIERRE.

Parce qu'elle ne m'aime pas, mon père.

BORILOFF.

Oh ! si ce n'est que cela...

PIERRE.

Et qu'elle en aime un autre.

BORILOFF.

Soit... Eh bien, si elle en aime un autre, si elle... refuse...

PIERRE.

Si elle refuse ?

BORILOFF.

Une première fois tu m'as arrêté au moment où... Jure, cette fois, que tu me laisseras agir.

PIERRE.

Vous m'épouvantez.

BORILOFF.

Nous n'en viendrons pas là, je l'espère... Je l'aperçois, elle est avec Ivana... Elles ont visité la maison... elle va rentrer dans cette chambre, qui est la sienne... Laisse-moi, je vais lui parler.

PIERRE.

Oui, mon père... parlez-lui encore... Priez... suppliez... Dites-lui... dites-lui que je l'aime... dites-lui que la pensée de la voir à un autre me bouleverse, me rend fou... qu'avant de subir ce supplice... je... je... Ah ! parlez-lui... et qu'elle consente, mon Dieu ! qu'elle consente !... (Il sort.)

SCÈNE III.
BORILOFF, IVANA, LOUISE.

IVANA.
Tiens! voilà mon père!... (Elle va à lui.)

LOUISE, à part, après avoir salué Boriloff.
Toujours ces avertissements mystérieux, (Elle relit à la dérobée une lettre.) « Méfiez-vous! redemandez votre héritage. Lorsque vous » serez seule, à dix heures de la nuit, ouvrez la fenêtre de votre » oratoire... Un ami viendra... un ami bien impatiemment at- » tendu... Fermeté... courage! »

IVANA.
Allons, Louise, belle cousine, il ne faut plus être triste maintenant que vous voilà grande dame, ce ne serait pas bien. Et puis vous feriez de la peine à mon père. Il s'est bien occupé de vous, allez! Voyez donc la belle chambre! et puis là votre oratoire... Oh! je suis jalouse, moi!

LOUISE.
Jalouse, chère enfant!

IVANA.
Et puis, des fleurs à cette fenêtre... Voyez donc... Ne vous penchez pas, vous pourriez tomber... c'est très-haut.

LOUISE.
Ce couloir?...

BORILOFF.
Il conduit à la chambre de ma fille.

LOUISE.
Merci, monsieur, de tant de soins, d'attentions.

IVANA.
C'est tout naturel, puisque vous êtes ma cousine. Dites donc, Louise; ça sera bien ennuyeux de vous dire vous... une idée!... Voulez-vous que je vous dise : Tu? c'est gentil de se dire toi.

BORILOFF.
Allons, ma fille, trêve d'enfantillages!... Ta cousine a besoin de repos, de tranquillité, et toi aussi sans doute.

IVANA.
Moi? pas du tout. D'abord je n'ai pas la moindre envie de dormir... Ah bien! oui, il me serait impossible de fermer l'œil.

BORILOFF.
N'importe!... Laisse-nous, Ivana; j'ai à causer avec mademoiselle Louise.

IVANA.
Ah! voilà... Pourquoi ne pas dire ça plus tôt? je me serais en allée tout de suite. (A Louise.) C'est pas vrai, je serais restée. (Haut.) Bonsoir, père. (Elle l'embrasse.) Bonne nuit, ma cousine; dormez bien... Ainsi, c'est convenu, je te tutoierai à partir de demain. Ah! dites donc, mademoiselle, si vous avez quelque chose à me dire, parlez bien fort... bien fort... car le couloir est très-sourd... Bonsoir... (Avec élan à Louise.) Je sens que je vous aimerai... Tiens, je t'aime déjà!... (Elle sort vivement en envoyant des baisers à son père et à Louise.)

SCÈNE IV.
BORILOFF, LOUISE.

BORILOFF.
La folle enfant! Je ne l'ai jamais vue ainsi.

LOUISE.
Ce sera une charmante femme que cette jeune fille-là.

BORILOFF.
Oui, n'est-ce pas? ces natures insouciantes sont souvent bien trompeuses... Qu'il leur vienne au cœur un sentiment nouveau, plus vif, tel que l'amitié, par exemple! comme celle que vous inspirez déjà à ma fille... et puis plus tard... Mais nous avons encore le temps d'y songer, ce n'est pas comme vous, mademoiselle.

LOUISE.
Comme moi, monsieur?

BORILOFF.
Sans doute, mademoiselle. Mon langage ne saurait ni vous surprendre ni vous offenser... N'êtes-vous pas dans l'âge où le cœur éprouve de vagues aspirations vers un sentiment nouveau... dans l'âge où l'on doit penser à lier son avenir à celui d'une autre personne?... Et à supposer, ce qui est tout naturel, que la haute position qui vous appartient désormais soit encore trop récente pour vous permettre de fixer immédiatement votre choix, n'est-ce pas à moi que revient le droit, que dis-je! le devoir de guider ce choix, de le conseiller... du moins?...

LOUISE.
Monsieur!

BORILOFF.
Et sans sortir de notre famille peut-être, pourrions-nous trouver... mon fils, par exemple... qui depuis longtemps déjà, m'entretient de la beauté, des vertus de mademoiselle Louise, car avant de savoir quels liens de parenté nous unissaient, je vous connaissais beaucoup. Pierre ne tarissait pas d'éloges sur votre compte, et même il m'a prié de... Mais nous reparlerons de tout cela plus tard... une plus longue instance deviendrait importune, et, pour un premier entretien, je me suis peut-être montré indiscret... Mais vous serez indulgente, mademoiselle, et vous daignerez trouver mon excuse dans mon impatience de père et dans l'attrait irrésistible de votre personne. (Il se lève.)

LOUISE.
Monsieur, souffrez, que je vous dise une chose... je ne vous ai pas bien compris.

BORILOFF, après un moment de surprise et de mauvaise humeur, reprend l'air aimable.
Eh bien, Louise, je me ferai mieux comprendre... une autre fois... les occasions de nous expliquer ne nous manqueront pas. N'allons-nous pas vivre en famille? (Il fait un mouvement de sortie.)

LOUISE, l'arrêtant.
Pardon, monsieur!

BORILOFF.
Qu'y a-t-il, mademoiselle?

LOUISE, froidement.
Je le répète, nous ne nous comprenons pas bien.

BORILOFF.
Comment cela?

LOUISE, d'abord avec embarras.
Je pourrais me dispenser de vous donner connaissance de certains projets... qui me concernent... moi... et votre personne. (Avec fermeté.) Mais, tenez, monsieur, je suis franche et sincère... je hais la dissimulation... je vous parlerai donc à cœur ouvert, quoi qu'il en puisse arriver.

BORILOFF, avec une feinte bonhomie.
N'est-ce pas ainsi que l'on doit s'expliquer?... Parlez, mademoiselle, et soyez sûre que votre confiance est bien placée.

LOUISE.
D'abord... (Silence.)

BORILOFF.
Eh bien?

LOUISE.
Mais, en vérité, me voici tout embarrassée... Que vais-je faire?... je ne vous connais encore que par vos bontés, car enfin je vous dois la révélation de ma naissance... la possession d'un état de famille, et de plus, vous me recevez ici, chez vous, vous m'y traitez comme un de vos enfants! et moi, pour vous récompenser, je vais...

BORILOFF, avec un faux attendrissement.
Achevez, mademoiselle, mon cœur est préparé à tout.

LOUISE.
Non, je n'oserai jamais

BORILOFF, changeant de ton.
J'achèverai donc pour vous... vous n'osez me dire, mademoiselle, que vous n'aimez pas mon fils.

LOUISE, vivement.
Non, monsieur, ce n'est pas cela.

BORILOFF, vivement.
Comment! se serait-il trompé?... l'aimeriez-vous?

LOUISE, froidement.
Vous vous méprenez... je voulais éviter de parler de monsieur Pierre, voilà tout... je voulais aussi vous dire que...

BORILOFF.
Que?...

LOUISE.
Que je ne compte point abuser longtemps de votre hospitalité, et que dès demain...

BORILOFF.
Dès demain?...

LOUISE.
Je quitterai votre maison... mais je ne la quitterai pas, soyez-en sûr, sans emporter une éternelle reconnaissance pour vous, et pour tous ceux qui m'ont témoigné ici de la bienveillance et de l'intérêt.

BORILOFF.
Quoi? mademoiselle, y pensez-vous?... me quitter au mo-

ment où je vous retrouve ! lorsque j'ai des comptes importants à vous rendre, lorsque... mais c'est impossible; par intérêt pour vous-même, je ne dois pas vous laisser partir... d'ailleurs, où iriez-vous? c'est un caprice, avouez-le... une fantaisie dont je ne puis m'expliquer la cause, mais que la réflexion, la voix de la raison vous feront abandonner.

LOUISE.

Non, monsieur, ce n'est pas un caprice; non, monsieur, ce n'est pas une fantaisie, c'est un devoir que j'ai à remplir... oh! il serait trop long de vous expliquer... qu'il me suffise de vous déclarer avec toute la fermeté dont je suis capable, et dont vous ne soupçonnez peut-être pas toute l'étendue... que rien... aucune considération quelle qu'elle soit, ne saurait me retenir... j'ai décidé de partir... je dois le faire... je le veux, je partirai.

BORILOFF.

Cependant, mademoiselle !

LOUISE.

Je partirai.

BORILOFF.

Un dernier mot : avez-vous songé à ma position vis-à-vis de vous, à l'opinion du monde, aux interprétations auxquelles donnera lieu ce brusque départ?... à ma responsabilité, enfin !

LOUISE.

J'ai songé à tout; votre justification motivée se trouve dans cet écrit, qui est pour ainsi dire mon testament. Lisez, monsieur. (Elle lui remet une lettre. Boriloff lit à voix basse.) Trouvez-vous que cette lettre vous dégage suffisamment? et pensez-vous que... quoi qu'il doive m'arriver, n'importe dans quel lieu je sois, absente ou présente, vivante ou morte, pensez-vous qu'on puisse jamais, avec une telle déclaration de ma part, faire peser sur vous, à cause de moi, la plus légère responsabilité?

BORILOFF.

En effet! cela est bien ainsi que vous le dites... (Il serre la lettre.) Vous êtes donc libre, mademoiselle, d'agir suivant votre entière liberté. Il me reste à regretter que votre détermination vous éloigne de nous, si peu d'instants après notre rapprochement : j'espérais mieux des événements. Quant à vous, mademoiselle, je vous remercie de votre franchise, notre affection n'en sera pas altérée; si vous doutez du bonheur parmi nous, nous serons satisfaits de vous avoir aidé à l'obtenir ailleurs. Maintenant, je vous laisse, suivant votre volonté, mon rôle à peine commencé de tuteur va finir... celui d'ami ne finira jamais... Adieu, mademoiselle.

LOUISE, le saluant avec une certaine émotion.

Monsieur...

BORILOFF.

Adieu, Louise... adieu ! (A part en sortant et en montrant sa lettre.) Insensée !... ceci est ton arrêt de mort. (Bas à Kalouga, qui est entré sur les derniers mots.) Tu connais l'aventure de Vaninka?

KALOUGA, bas.

Oui, maître, elle est morte étouffée...

BORILOFF, bas.

Il suffit... viens ! (Ils sortent.)

SCÈNE V.

LOUISE, seule.

Oh! je me trompais... je le jugeais mal ! je m'attendais à le voir élever sa volonté contre ma détermination, et il m'a laissée libre... et il accepte mon refus comme un droit qu'il me reconnaît... Oh! je le jugeais mal... mais aussi pourquoi se fier à ces lettres sans signature? Par cela seul qu'un homme cache sa signature pour écrire, est-il donc plus digne de foi que celui qui se fait franchement connaître? Singulier effet des lettres anonymes! on les croit pourtant précisément parce qu'elles sont anonymes! Allons, c'est de la faiblesse, et je veux en demander pardon à Dieu. (Elle ouvre la porte de l'oratoire.) Qu'entends-je ! on dirait qu'un caillou est venu frapper contre cette vitre. (Dix heures sonnent.) Dix heures !... C'est l'heure annoncée par la lettre... Serait-ce donc vrai?... mais quel ami?... un de mes trois frères, sans doute... Du bruit... on dirait... (Elle entre dans l'oratoire et en ressort vivement.) Qu'ai-je vu ! une échelle de cordes... on monte... oui... j'ai peur... un homme !... Ah! au secours !... Trop tard ! (Tombant à genoux.) Grâce ! monsieur ! grâce !

SCÈNE VI.

LOUISE, LUCIEN.

LUCIEN.

C'est à moi que tu demandes grâce, Louise?

LOUISE.

Lucien !

LUCIEN.

Louise !

LOUISE.

Lucien !... toi... toi... Seigneur, mon Dieu ! je... (Elle s'affaisse à moitié évanouie.)

LUCIEN.

Louise ! Louise ! reviens à toi.

LOUISE.

Ce n'est rien... ce n'est rien... Ta main ! où est ta main?... La voilà !... ah !... ce n'est pas un rêve, n'est-ce pas?

LUCIEN.

Louise ! Dieu m'a sauvé ! il nous réunit... Tu l'as donc bien prié?

LOUISE.

C'est lui ! c'est bien lui ! que disais-tu? Pardon, je ne devrais pas te montrer ma faiblesse... mais c'est plus fort que moi... j'ai besoin de pleurer...

LUCIEN.

Chère, chère bien-aimée !

LOUISE.

Ainsi, tu es libre! ils ne te reprendront pas au moins?

LUCIEN.

Oh! non, rassure toi !

LOUISE.

Libre ! C'est à peine si je peux le croire... comment donc cela s'est-il fait? dis?

LUCIEN.

Je te raconterai cela... mais...

LOUISE.

Non... tout de suite... je veux être sûre qu'on ne nous séparera plus.

LUCIEN.

Non... je te le jure... mais toi, parle-moi de toi.

LOUISE.

Moi !... oh ! moi, qu'importe !... ils ont dit que j'étais de grande famille... que j'avais un héritage... Est-ce que je sais?... je les ai laissés dire, parce que c'était un moyen de ne pas quitter la Russie... de rester auprès de toi... C'est monsieur Boriloff qui a déclaré tout cela... il m'a conduite ici... dans sa maison... mais je viens de lui annoncer que je m'en irais demain... et je serais partie, vois-tu... Oh ! aurais-je été? je ne sais pas; mais ce que je sais bien, c'est que je t'aurais retrouvé sur la route de Tobolsk... on ne nous aurait pas séparés, va !... j'aurais dit que je suis ta fiancée, ta femme... voilà tout ce qui me concerne... maintenant à ton tour... raconte... que je t'entende.

LUCIEN.

Moi, Louise... mais je suis libre... tu le vois bien... Ce soir j'errais au hasard, lorsque ton protégé, le pauvre muet, est venu au devant de moi avec les signes de la joie la plus vive... C'est lui qui m'a fait comprendre où tu étais... c'est lui qui m'a indiqué comment il fallait m'y prendre pour te rejoindre... et, enfin c'est grâce à lui que je suis auprès de toi; que je te regarde et que je puis dire, en te serrant dans mes bras : Louise, je t'aime ! je t'aime !

LOUISE, entendant du bruit.

Ah !

LUCIEN.

Qu'y a-t-il? (Il regarde.) Ne crains rien... c'est lui !

SCÈNE VII.

LES MÊMES, LE MUET, effaré, voulant entraîner Lucien.

LUCIEN.

Comment ! que veux-tu dire?

LOUISE.

Il te supplie de le suivre.

LUCIEN.

M'éloigner de toi... Oh ! jamais ! jamais !

LOUISE, désignant le Muet.

Vois donc comme il est pressant ! il faut l'écouter. Ne mérite-t-il pas désormais toute notre confiance?

LUCIEN.

Notre confiance ! Mais, enfin, savons-nous qui est cet homme, pour nous abandonner ainsi à lui? (A ces mots de Lucien, le Muet court à une table et écrit vivement.) Que fait-il donc ? (Le Muet présente le papier à Louise.)

LOUISE.

Pour nous? (Signes affirmatifs du Muet.) Voyons ! (Elle lit.) « Je suis » un ancien ami de votre mère; un vieux soldat de la France » exilé en Sibérie, et mutilé pour avoir trop fidèlement servi vos » parents. » (Le Muet, dans une pantomime animée, raconte toute son histoire.)

LUCIEN, le comprenant et jouissant qui il est.

Lambert !... c'est toi ! toi !... Oh ! alors, viens, viens, mon ami... (A Louise.) Mais je resterai devant la maison jusqu'à ce que je t'aie revue... Car nous ne nous quitterons plus maintenant... Oh ! non, nous ne nous quitterons plus. (Le Muet entraîne Lucien du côté de l'oratoire. — Louise les suit un moment.)

SCÈNE VIII.

PIERRE, *accablé, s'assied dans un coin, et d'une voix étouffée.*

Je veux la voir une dernière fois... une dernière fois... et, après, ils feront ce qu'ils voudront.

LOUISE, *revenant.*

Ils sont hors de danger. — Enfin!... et demain! demain commencera pour nous un avenir de joie et de bonheur. (Se retournant et apercevant Pierre.) Lui!

PIERRE, *accablé.*

Louise, vous me haïssez, oh! vous ne me connaissez pas!

LOUISE.

Vous haïr, monsieur Pierre! Ah! que dites-vous? Comment pourrais-je vous haïr, lorsque vous et votre famille...

PIERRE.

Dites la vôtre, mademoiselle.

LOUISE.

Lorsque vous et ma famille, vous me témoignez tant de bienveillance! il faudrait que je fusse bien ingrate.

PIERRE.

Excusez-moi, mademoiselle... je ne sais pas bien ce que je dis, j'ai tant souffert!... sentir qu'on est détesté à cause de son dévouement même, et être forcé de dévorer tout en silence, c'est comme si on n'avait ni cœur ni âme.

LOUISE, *un peu émue.*

Monsieur Pierre... peut-être en effet, ai-je été sévère, injuste envers vous.

PIERRE.

Vous le reconnaissez donc? merci... mais!... Eh bien! maintenant serez-vous plus équitable? continuerez-vous à me détester?

LOUISE.

Je ne vous ai jamais détesté, Pierre.

PIERRE.

Alors, pourquoi ne demeurez-vous pas ici? avec nous? comme si vous étiez... ma sœur?

LOUISE.

J'ignore maintenant si je dois définitivement rester ou partir. — Mais ce que je sais, c'est que je serai heureuse de penser à vous comme on pense à un frère.

PIERRE.

Et un jour, plus tard, aussi tard que vous voudrez, ne consentirez-vous point à me donner un autre nom?

LOUISE.

Je ne le puis pas, Pierre.

PIERRE.

Promettez toujours, mon Dieu! que vous importe?... qui vous dit que je ne serai pas mort d'ici là?

LOUISE.

Pierre, je n'ai jamais menti.

PIERRE.

Ah! vous êtes bien dure!

LOUISE.

Je suis franche, je ne sais point tromper.

PIERRE, *avec explosion.*

Ainsi donc rien ne vous l'arrachera du cœur, votre amour pour ce... pour celui qui était là tout à l'heure, auprès de vous... et que je n'ai pas tué, parce que... Ah! je ne sais pas pourquoi je ne l'ai pas tué.

LOUISE.

Vous devenez fou, prenez garde.

PIERRE, *hors de lui.*

Que je prenne garde!... ah! ah! mais c'est à vous, et non à moi, à prendre garde; moi!... qu'est-ce que cela me fait à présent, le malheur, le scandale, la honte?... Que je prenne garde! vous nous méprisez, vous nous insultez... vous recevez ici, la nuit, sous nos yeux, un amant, un rival... et vous voulez que je prenne garde! Mon cœur est desséché par la jalousie... mon bonheur est perdu... je suis désespéré, je ne tiens plus à la vie... qu'est-ce donc qu'il reste, s'il vous plaît, à quoi j'aie encore à prendre garde?

LOUISE.

Pierre, prenez garde à l'honneur, au devoir!

PIERRE.

L'honneur!... le devoir!... Ah! ah! est-ce que je connais ça maintenant?! Rien... rien, vois-tu, plus rien... Il y avait moyen de faire de moi le meilleur des hommes, tu ne l'as pas voulu, tant pis pour toi!

LOUISE.

Il me fait trembler... Pierre!

PIERRE.

Non, c'est fini, laissez-moi! La destinée m'entraîne, je le vois bien; j'ai l'enfer dans le cœur... Mon père fera ce qu'il voudra, j'en serai content... Avez-vous lu le *Livre Rouge*?... vous ne connaissez pas l'histoire de Vaninka... et du masque... tant mieux... Ah! si j'osais vous faire du mal, je... je vous tuerais! Mon Dieu! je souffre bien... ma tête s'en va... je sens... j'ai peur... je deviens fou!... Oh! Louise, vous me faites bien du mal, priez pour moi!... Adieu! adieu!... (Il sort en chancelant.)

SCÈNE IX.

LOUISE, puis IVANA.

LOUISE.

Le malheureux! sa souffrance m'attriste, et cependant d'où vient que, malgré moi, la pitié se glace dans mon cœur?... Quelqu'un... encore?

IVANA.

Ne craignez rien, mademoiselle, c'est moi! Comment! vous n'êtes donc pas encore couchée!

LOUISE.

Non, Ivana.

IVANA.

Qu'est-ce que vous faisiez donc?

LOUISE.

Je causais.

IVANA.

N'est-ce pas la voix de mon frère que j'ai entendue?

LOUISE.

Oui, la voix de votre frère.

IVANA.

Ah! si tu me dis vous, comment voulez-vous que je dise toi? Il est bien malheureux, mon frère, n'est-ce pas?

LOUISE.

Je le crois, je n'y puis rien.

IVANA.

Menteuse! si vous vouliez?

LOUISE.

Ivana! par grâce?...

IVANA.

Oh! moi, d'abord, je dis tout, tant pis!... Après ça, je ne vous y force pas, allez!... Je le plains... mais voilà tout... Moi, je n'en voudrais pas pour mari, et toi?

LOUISE.

Moi?

IVANA.

Ça ne me fâchera pas, dis ce que tu penses.

LOUISE.

Je pense, Ivana, que lorsqu'on a engagé sa foi à un autre... il faut être fidèle.

IVANA.

Il faut être fidèle... oui! Ah! voyez-vous, la cousine, qui a déjà donné son cœur : eh bien! c'est comme moi.

LOUISE, *souriant.*

Vous, Ivana?

IVANA, *très-tranquillement.*

J'aime avec passion, avec délire.

LOUISE.

Pourrait-on savoir qui vous aimez ainsi?

IVANA.

Je ne sais pas qui... mais, bien sûr, j'aime quelqu'un. Qui pourrais-je bien aimer? Voilà ce que je cherche; seulement j'ai dans la tête un modèle de jeune homme. Il est grand, beau garçon, bien fait, il a beaucoup d'esprit, et puis il est toujours occupé.

LOUISE.

Occupé!

IVANA.

A me regarder sans manger ni dormir. (Riant.) Ah! le joli mari! c'est bien amusant, n'est-ce pas? A propos de dormir, je voudrais vous demander quelque chose, Louise.

LOUISE.

Dites, Ivana, dites!

IVANA.

Votre chambre me plaît beaucoup mieux que la mienne... Voulez-vous que je reste là près de vous?

LOUISE.

Parlez-vous sérieusement?

IVANA.

Très-sérieusement.

LOUISE.

Faites tout ce qu'il vous plaira.

IVANA.

Ça ne vous fâche pas?

LOUISE.

Pouvez-vous le croire?

IVANA, s'arrangeant sur le canapé.

Je serai très-bien là... Je vous remercie, Louise... Bonne nuit, Louise, veux-tu m'embrasser?

LOUISE, l'embrassant.

Bonne nuit, Ivana. (Revenant en scène.) Il me semble voir là-bas... Oh! mon Dieu!

IVANA, se relevant brusquement.

LOUISE.

Qu'avez-vous, chère petite?

IVANA, sérieusement.

Louise, tenez, croyez-moi, si vous voulez, je ne puis dormir. Je sens que je ne dormirai pas de cette nuit.

LOUISE.

Vous êtes agitée... Allons, calmez-vous?

IVANA.

Ne vous moquez pas de moi, j'ai envie de pleurer.

LOUISE.

Pleurer, enfant, et pourquoi?

IVANA.

Louise, voulez-vous que je vous dise en confidence pourquoi je n'ose plus dormir dans mon lit?

LOUISE.

Quelque folie... Allons, parlez, méchante enfant.

Ah! ne raillez pas, je vous en conjure! C'est sérieux, allez, j'ai le cœur bien gros; Louise, figurez-vous que, toutes les nuits, je rêve à ma pauvre mère qui est morte, et, hier, pendant mon sommeil, il m'a semblé qu'un homme venait vers moi. J'étais oppressée... j'étouffais! (Elle pleure.) Ah! si j'allais mourir!

LOUISE, émue.

Mourir! Savez-vous que ce n'est pas généreux de me faire du mal, comme cela, et pour bien encore? car, enfin toutes ces méchantes idées-là, c'est de l'enfantillage.

IVANA.

Peut-être bien, oui... Alors, je vais tâcher de ne plus penser à rien... Tu restes là, n'est-ce pas?

LOUISE.

Mademoiselle, je resterai, si vous êtes raisonnable, entendez-vous?... (Tendrement.) Ivana, chère enfant, dors paisiblement; je ne te quitte pas.

IVANA, s'endormant sur le lit, au fond.

Merci, appelle-moi ta sœur.

LOUISE.

Repose en paix, petite sœur.

IVANA, s'endormant.

Tiens! c'est gentil, ce que tu viens de dire... Repose en paix, petite sœur... Quand je serai morte, je veux qu'on mette cela sur... ma... Mon Dieu! je mets mon âme... dans... tes... mains... (Elle chante le refrain de *Baïoutchi Baïou*. Louise l'accompagne jusqu'à ce qu'elle dorme.)

LOUISE.

Elle dort! Chère enfant! sois bien tranquille... je suis là... (Elle regarde du côté de l'oratoire.) Et Lucien... Ah! voici la lune qui se lève... Elle éclaire le chemin... Je ne le vois pas, lui... Oh! il ne peut être loin!... Comme cet oratoire est doux et mystérieux! à la pâle lueur de la lune, des rayons d'argent glissent sur la croix d'ébène... La croix! Oh! mon Dieu! je ne t'ai pas remercié!... Pardonne, pardonne, mon Dieu! et daigne recevoir ma tardive prière. (Elle entre dans l'oratoire avec un flambeau. A sa sortie, Kalouga a pénétré par la fenêtre, rampe jusqu'à la porte, l'ouvre; Boriloff paraît.)

SCÈNE X.
KALOUGA, BORILOFF.

KALOUGA, bas.

Elle dort.

BORILOFF, bas.

Tu as tout disposé sous la fenêtre?

KALOUGA, bas.

Oui.

BORILOFF.

Elle dort! La lettre qu'elle m'a donnée m'assure l'impunité. Heureusement qu'avec ceci, pas de cris... pas de sang... (A Ka-

louga, lui remettant le masque de poix.) Va! La fortune est à moi! (A la sortie de Boriloff, Kalouga s'avance vers le lit. Il appuie le masque sur le visage d'Ivana, qui pousse un cri sourd.)

ACTE V.

SEPTIÈME TABLEAU.

Une salle basse chez Boriloff.

SCÈNE PREMIÈRE.

KARAMSINE, DEUX OFFICIERS, UN DOMESTIQUE.

KARAMSINE, entrant.

Le comte Boriloff?

LE DOMESTIQUE.

C'est ici.

KARAMSINE.

Va lui annoncer que des officiers russes demandent à lui parler?

LE DOMESTIQUE.

Le maître est souffrant, ce matin. Il ne peut recevoir.

KARAMSINE.

J'avais prévu cet obstacle. Remets-lui ceci? j'attends la réponse. (Il lui donne une lettre.)

SCÈNE II.

LES MÊMES, moins LE DOMESTIQUE.

KARAMSINE, aux officiers.

Maintenant, messieurs, je vais vous expliquer pourquoi je vous ai amenés ici. Hier, nous avons été insultés, outragés par des Français chez le prince Alexis. Ces Français, nous devions réparation. Pour l'obtenir, nous les avons cherchés par toute la ville. Impossible de les rencontrer. Alors, nous avons pensé au comte Boriloff et à la jeune fille devenue tout à coup sa nièce. Cette jeune fille, est l'amie de ces Français. Le comte paraît les connaître aussi. J'ai donc conçu le projet de venir le prier de nous apprendre ce qu'il sait touchant ces étrangers, et de nous désigner l'endroit où il sera possible de les rejoindre. (Le Domestique rentre et remet un pli à Karamsine.)

KARAMSINE, lisant.

« Je suis désolé de ne pouvoir seconder votre légitime désir de vengeance, mais je ne connais point la demeure de ces Français. L'un d'eux était prisonnier et a été, je crois, expédié, dès hier en Sibérie. Les autres, placés sous le coup de la mesure d'expulsion qui concerne un grand nombre de Français et d'Anglais, sont partis sans doute. » (Après avoir lu.) C'est une erreur. Le navire qui emmène les étrangers n'appareillera que tantôt. Vous le voyez, messieurs, il faut renoncer à obtenir satisfaction. Il nous reste à souhaiter que l'armée du czar nous venge bientôt de l'insulte qui nous a été faite. (Ils sortent.)

SCÈNE III.

BORILOFF, LE DOMESTIQUE.

BORILOFF, au Domestique.

Où est Kalouga?

LE DOMESTIQUE.

On l'a vainement cherché depuis ce matin.

BORILOFF.

Qu'on le cherche encore. Va! (Le Domestique sort.) Quand ces hommes sont entrés, j'ai tremblé!... Quelle faiblesse!... Lorsque tous mes plans ont réussi... lorsque je devrais me réjouir... lorsque l'obstacle qui s'élevait entre la fortune et moi n'est plus... Enfin, lorsque tout est combiné pour expliquer naturellement la disparition subite de... de Louise!... en effet, cette lettre qu'elle m'a remise hier me justifie complétement. D'un autre côté, le départ des Français et l'exil de Lucien me fournissent la plus heureuse coïncidence... Si on me questionne, je répondrai que Louise a suivi son amant, ou bien qu'elle a fui avec ses compagnons. Si l'on doute, je montre cette lettre laissée par elle comme un adieu volontaire... S'ils ne s'en tiennent pas là, s'ils font des recherches, il faudra bien qu'ils finissent par mettre sur le compte d'un accident mystérieux et fatal, survenu pendant la route, l'impossibilité où ils seront de retrouver la jeune fille. Ainsi, de quelque côté que mon esprit s'arrête, il se repose sur des motifs de sécurité... Cependant, je tremble, je frissonne... Je voudrais voir Kalouga... lui demander s'il a ponctuellement suivi mes instructions et fait disparaître toute trace du crime!... Impossible de voir ce maudit esclave... Mais qu'ai-je donc?... des remords?... Non!... Bah! je suis riche! immensément riche!..... Que m'importe le reste?... (Voyant venir Pierre.) Pierre!...

SCÈNE IV.
BORILOFF, PIERRE.

PIERRE.
Mon père, vous l'avez vue?

BORILOFF.
Qui?

PIERRE.
Elle!

BORILOFF.
Elle!... (A part.) Comme il l'aime, le malheureux!

PIERRE.
Mon père, répétez-moi ce qu'elle vous a dit?

BORILOFF, embarrassé.
Ce qu'elle m'a dit!...

PIERRE.
Oui... hier en vous quittant.

BORILOFF.
En me quittant?

PIERRE.
N'omettez rien... Ne craignez pas de m'attrister... Mon Dieu! vous avez peut-être mal compris, mal interprété ses paroles à mon sujet... Et puis, j'étais peut-être distrait en vous écoutant... Peut-être aussi ces paroles ont-elles un sens moins défavorable que je n'ai cru... je suis plus calme aujourd'hui... Parlez... parlez, mon père.

BORILOFF, ému.
Laisse-moi.

PIERRE, étonné.
Comment!

BORILOFF.
Laissez-moi, vous dis-je!

PIERRE.
Pourquoi me parler ainsi, mon père?... Ne suis-je donc pas assez malheureux?... Ah! je devine... Vous ne me traitez avec cette rigueur que pour me cacher une vérité plus cruelle encore!...

BORILOFF.
Que dis-tu?

PIERRE.
C'est fini, n'est-ce pas, plus d'espoir?

BORILOFF.
Tais-toi, tais-toi!

PIERRE, douloureusement.
Mon Dieu!

BORILOFF, se méprenant.
Cela se sait déjà?

PIERRE, surpris.
Quoi?... Qu'elle ne m'aime pas... Qu'elle ne m'aimera jamais!...

BORILOFF, à part.
Qu'allais-je lui dire?... Fous que nous sommes!... Fous tous les deux!... lui de son amour... moi de mon crime!.. On vient... Allons! allons!

SCÈNE V.
LES MÊMES, MARIOL.

MARIOL.
Pardon, excuse, la société... On dirait que ça ne vous fait pas grand plaisir de me voir. Après ça, je ne vous en veux pas, allez, ça me fait le même effet à moi... Ainsi...

BORILOFF.
Alors, pourquoi venez-vous?

MARIOL.
Je ne viens pas pour vous, bien sûr,... quoique vous vous soyez exécuté... mais, là... gentiment!... Après ça, vous y étiez bien un peu forcé, ce qui diminue votre mérite... Mais, enfin, ne chicanons pas sur les mots... L'affaire est au sac, n'en parlons plus... Je viens pour... pour quelqu'un que je ne vois pas... et je voudrais bien voir... (Il fait un pas vers l'intérieur de l'appartement.)

BORILOFF, l'arrêtant.
Où allez-vous?

MARIOL.
Je vais... je vais voir Louise.

BORILOFF, brusquement.
Elle dort!

MARIOL, s'asseyant.
Alors, j'attendrai qu'elle se réveille.

BORILOFF, involontairement.
Elle ne se réveillera pas! (Se reprenant.) Au fait, que lui voulez-vous?

MARIOL.
Est-il curieux! Fi! que c'est vilain d'être...

BORILOFF, sombre et menaçant.
Tenez, toute réflexion faite, vous n'avez nul besoin de parler à ma nièce. Vous ne lui parlerez pas.

MARIOL.
A cause?

BORILOFF, en colère.
Tu ne lui parleras pas.

MARIOL.
Il me tutoie à présent; plus qu' ça de familiarité!

BORILOFF.
Et si tu ne sors pas à l'instant d'ici, je te ferai chasser, ou, mieux encore, je te chasserai moi-même.

MARIOL, tirant un mouchoir et l'agitant.
Minute... Drapeau blanc de parlementaire... Parlementons.

BORILOFF, exaspéré.
Va-t'en, va-t'en, te dis-je!

MARIOL, se mettant en garde.
Ah ça! mais, faut donc se piocher à la fin des fins!

BORILOFF.
Pierre, à moi! (Il cherche une arme et trouve une hache.)

MARIOL.
Mais c'est donc un coupe-gorge que cette baraque!

BORILOFF, revenant à lui la hache levée.
Misérable! qu'as-tu dit?

SCÈNE VI.
LES MÊMES, LE PRINCE ALEXIS.

LE PRINCE, arrêtant Boriloff.
Monsieur, que faites-vous?

BORILOFF, s'arrêtant.
Le prince!

MARIOL.
Eh bien! il est gentil, notre oncle! v'là sa manière de recevoir son monde quand on lui fait des visites.

LE PRINCE, à Boriloff.
Monsieur, m'expliquerez-vous ce qui a pu motiver cette excessive colère?

BORILOFF.
Prince, je suis chez moi, et, malgré tous les égards que je vous dois, je n'entends rendre compte qu'à moi-même de la façon dont il me plaît de faire respecter ma demeure lorsqu'elle est souillée par un misérable tel que lui... (Il désigne Mariol.)

MARIOL.
Ta... ta... ta... pas de gros mots... Qu'est-ce que vous chantez là?... Un insolent!... moi!... un enfant du boulevard, pétri de bonnes manières et de chaussons aux pommes!... Allons donc! ne le croyez pas, monseigneur... Je ne veux rien lâcher de désagréable... Aussi je modérerai mes expressions, je les choisirai, et je me bornerai à dire que monsieur vient de blaguer indignement. Comment! je l'insolente parce que je viens lui demander des nouvelles de Louise, parce que je lui dis que je veux la voir... et il a la dureté de me refuser cette consolation-là, juste au moment où on me force de partir! Il faudrait donc s'en aller sans dire adieu ma Louise, ma sœur, celle que j'aime plus que la vie, plus que tout... Ah! sapristi... partir comme ça, mais ça m'exaspère, ou plutôt, non... ça me donne envie de pleurer.

LE PRINCE, à Mariol.
Rassure-toi. Sans doute tu t'y es mal pris. (A Boriloff.) N'est-ce pas, monsieur, que vous ne voudriez pas causer tant de chagrin à ce garçon, et que vous lui fournirez les moyens d'embrasser une dernière fois celle qui fut pendant si longtemps sa protégée et sa compagne?

BORILOFF, embarrassé.
Monseigneur...

LE PRINCE.
D'ailleurs, j'ai moi-même le désir de voir mademoiselle Louise; c'est pour cela que je suis venu. (Voyant l'hésitation de Boriloff.) Je ne pense pas que vous ayez l'intention d'ajouter à la qualité d'oncle celle de geôlier.

MARIOL, à part.
Attrape!

BORILOFF, se contenant.
Vous interprétez mal mon apparente résistance, monseigneur... vous me forcez à révéler un chagrin, une douleur, je dirai presque une honte de famille, ce que, par égard, par pitié, vous auriez dû m'épargner.

LE PRINCE.
Que voulez-vous dire, monsieur?

BORILOFF.
Je veux dire que Louise n'est plus ici.

LE PRINCE.
Comment! elle n'est plus... c'est impossible!

BORILOFF, avec un sourire.
Impossible!... Lisez cette lettre, monseigneur... et vous comprendrez.

PIERRE, bas, à son père.
Qu'avez-vous fait de Louise, mon père?

MARIOL, à qui le Prince a communiqué la lettre.
C'est bien elle qui a écrit ça... v'là ce que je peux vous affirmer... Quant à lire ce qu'il y a dessus... je ne peux pas... j'ai des larmes plein les yeux.

LE PRINCE, après avoir lu.
Eh bien ! il y a là de la main de Louise... de Louise... (A Mariol) dont tu reconnais l'écriture, qu'elle a résolu de quitter la maison de monsieur...

BORILOFF.
Dites de s'enfuir!

PIERRE.
Avec qui, mon père?

BORILOFF.
Avec son amant.

PIERRE ET LES AUTRES.
Son amant!

BORILOFF, avec dédain.
Monsieur Lucien!

TOUS.
Lucien!

LE PRINCE.
Mais êtes-vous bien sûr que c'est avec monsieur Lucien que Louise est partie?

BORILOFF.
Oui, prince, j'en suis sûr.

LE PRINCE.
Entrez, monsieur... C'est un mensonge, car j'ai amené avec moi monsieur Lucien. Il attend là!... le voici... venez !

SCÈNE VII.
LES MÊMES, LUCIEN.

MARIOL.
Toi... toi... Lucien?... par quel miracle ?

LUCIEN.
Oui... un miracle! tu peux le dire, et tu en seras convaincu lorsque tu sauras... mais pour le moment, songeons à Louise.

LE PRINCE, à Boriloff.
Monsieur, cela devient de plus en plus étrange. Trouvez bon que je prenne ici une attitude nouvelle, et que, de simple visiteur, je me fasse juge... accusateur peut-être... La lettre de mademoiselle Louise ne saurait expliquer suffisamment son absence. Cette lettre annonce un projet... une intention... et non un fait accompli. Il y a quelque autre chose encore que vous nous cachez... voyons, dites tout ce que vous savez, car enfin je ne puis admettre que vous ignoriez ce qu'est devenue cette jeune fille.

BORILOFF.
Ce qu'elle est devenue?... le sais-je ?... puis-je le savoir ?... et d'ailleurs, qu'a-t-on à réclamer de moi lorsque j'affirme, lorsque je prouve qu'elle a quitté la maison... car, vous avez beau dire, cette lettre est formelle, la fuite est positive.

LUCIEN, à Boriloff.
Non, monsieur, Louise n'est point sortie d'ici !

BORILOFF.
Comment le savez-vous?

LUCIEN.
Je lui ai parlé... cette nuit même, dans sa chambre... Elle y est arrivée seule, et depuis ce moment-là, je n'ai point perdu de vue les fenêtres ou les portes de votre maison.

MARIOL, à Boriloff.
C'est clair cela.

BORILOFF, à Lucien.
Que m'importe votre assertion?... (Au Prince.) De quelle valeur peut être un témoignage isolé?...

SCÈNE VIII.
LES MÊMES, SAUTRIOT, puis LE MUET.

SAUTRIOT, entrant sur les derniers mots.
S'il faut d'autres témoins... en voici un... pas bavard, mais véridique... qui affirmera tout ce que Lucien vient de vous dire... Approche, Michel Lambert, et affirme. (Le Muet fait des signes affirmatifs.)

MARIOL.
Affirme, mon brave homme, affirme... Excusez-le s'il ne dit pas oui tout haut. La langue lui manque... il est muet.

LE PRINCE.
On dirait qu'il est blessé?

LUCIEN.
Ce n'est rien, monseigneur... un coup de poignard heureusement mal dirigé, et porté par un assassin qui croyait avoir à faire à moi.

LE PRINCE.
Un assassin?

LUCIEN.
Envoyé par monsieur... (A Boriloff.) Osez donc soutenir que ce n'est pas vrai !

LE PRINCE, sévèrement à Boriloff.
Monsieur, qu'avez-vous fait de Louise?

BORILOFF, troublé.
Ce que... j'ai...

LE PRINCE.
Plus de feintes, plus de mensonges... Au nom du czar, répondez !...

TOUS.
Répondez!

BORILOFF, de plus en plus décontenancé.
Eh bien... mais cherchons... questionnons... Ma fille pourra peut-être nous dire... justement je l'entends... c'est elle...
(La porte de gauche s'ouvre. Louise paraît, pâle et tremblante.)

SCÈNE IX.
LES MÊMES, LOUISE.

BORILOFF, avec un cri d'épouvante, en la reconnaissant.
Ah!... ah!... mais alors... l'autre... l'autre....

LOUISE.
L'autre!... Entrez là... et regardez...
(Boriloff sort en chancelant.)

LE PRINCE, à Louise.
Que s'est-il donc passé!...

LOUISE.
Louise..; parle... parle...

LOUISE.
C'est horrible!... je serais devenue folle si je ne m'étais évanouie... Cette nuit... j'étais dans l'oratoire... Ivana reposait sur mon lit... Tout à coup j'entends un cri de détresse... j'accours... Quel spectacle! Ivana se tordait dans les convulsions de l'agonie... A ma vue son meurtrier parut terrifié, et prit la fuite...

LE PRINCE.
Un crime!...

LOUISE.
Oui, et quel crime!...

MARIOL.
Achève, Louise.

LOUISE.
Mais ne comprenez-vous donc pas qu'il voulait me tuer?... et que celle qu'il a étouffée au lieu de moi, à l'aide de ce masque horrible... c'est...

BORILOFF, revenant hagard.
Ma fille!... ma... ma... (Riant.) Ah! ah! ah!...

PIERRE, à Boriloff.
Qu'avez-vous fait de ma sœur?...

BORILOFF.
Ta sœur!... ta!... je l'ai tuée!... Ah! ah! ah!... (Il tombe raide mort.)

PIERRE, courant à lui.
Mon père!... soyez!...

LE PRINCE, à Pierre.
Arrête, malheureux!... désormais à Dieu seul appartient de maudire... Il est mort!... (Pierre s'agenouille devant son père. On entend le canon au loin. Les portes s'ouvrent ; on voit les quais garnis de monde.)

HUITIÈME TABLEAU.

SAUTRIOT.
Le canon!... c'est le signal du départ!

LE PRINCE.
Allez, Louise, allez en France... la patrie console, que dis-je?... elle fait tout oublier.

LOUISE.
Tout! excepté la reconnaissance !

LUCIEN.
Et l'amitié !

MARIOL.
Monseigneur, je vas leur raconter tout ça aux amis du boulevard du Temple, et ils vous aimeront bien, allez... Et toi, Michel Lambert, viens avec nous en France!

SAUTRIOT et LES AUTRES.
En France !

FIN.

www.ingramcontent.com/pod-product-compliance
Lightning Source LLC
Chambersburg PA
CBHW060615050426
42451CB00012B/2263